Moda vintage

Para Sophie e Fatima...
Sem elas, eu já não existiria mais no maravilhoso mundo da moda.

Para Noélie, que soube conservar seus moldes.

Moda vintage

Barbara Bocquet
Fotografias de Sophie Boussahba
Design de moda de Christine Tessier

Tradução de Camila Fialho

Editora Senac São Paulo – São Paulo – 2015

Sumário

Moldes e modelos dos anos 1961 e 1962

Os tamanhos dos moldes indicados nesta obra são os originais dos anos 1960. Eles correspondem a um ou dois tamanhos acima das medidas utilizadas atualmente. Em cada uma das fichas, você encontra um quadro de correspondências que lhe permitirá ajustar a roupa às suas medidas. Considerou-se como padrão um manequim com estatura de 1,68 m.

Como utilizar os moldes?
Para utilizar adequadamente os moldes, copie cada peça em folhas grandes de papel branco levemente transparente, que pode ser papel-manteiga ou papel vegetal. Siga cuidadosamente a linha de contorno. Marque também todos os traçados que acompanham o interior das peças. Recorte, a seguir, cada uma rente ao traçado. Junte as que formam o casaco e a saia com a ajuda de uma fita adesiva, coloque o conjunto em você e veja se o modelo lhe agrada. Corte então as fitas adesivas para separar outra vez o casaco e a saia, e disponha cada peça do molde sobre o tecido do jeito como ele está disposto no plano de corte.

Como utilizar os moldes do *Moda vintage*?
Recorte com cuidado as peças rente ao traçado. Disponha cada uma sobre o tecido da forma como consta no plano de corte e acrescente os valores para as margens de costura para montagem. Indique as marcações e as junções necessárias à fabricação.
Você pode unir as peças que formam a roupa cortando-as sobre um tecido que servirá de primeiro teste, assim você poderá provar a roupa sobre seu corpo, verificando se o caimento lhe agrada (primeira prova).
No interior das peças, os fios retos são indicados por uma linha mista descontínua. As pences, o vinco da gola, o avesso e o lugar até onde vão as pregas são mostrados por linhas pontilhadas. Já as bordas das pregas, os arremates, as fendas dos bolsos e as dobras, por marcações.

Cada uma das criações de *Moda vintage* exige uma escolha de materiais que se aproximam daqueles usados nos anos 1960. O reconhecimento, as características e a qualidade das composições têxteis são importantes para o resultado final e para o caimento das criações. *Moda vintage* propõe roupas estruturadas.
Respeitando a forma e as proporções deste livro, você alcançará um grau de qualidade de alta-costura.
Em 1960, a malha era destinada principalmente ao tricô; portanto, os tecidos com elasticidade são desaconselhados para a confecção das roupas.

Um vestido escocês

Molde de costura pronto para cortar, não incluído em tamanho real
Tamanho 40 (atual 36-38)
Molde vermelho, prancha 3

Este vestido é abotoado na parte da frente até a cintura. O corpete com gola é ajustado por pences, e funciona bem com uma gola de percal acetinado fixada no pé do colarinho. A saia, de comprimento médio (logo abaixo dos joelhos), franzida nas laterais e nas costas, é costurada no meio da frente até a fenda frontal, que é ornada por um botão. As mangas curtas são cortadas em viés.

Metragem: 160 × 140 cm;
percal para a gola: 35 × 80 cm.

Este molde foi feito para um manequim com as seguintes medidas:
Busto: 88 cm
Cintura: 67 cm
Quadril: 95 cm

Correspondências com o quadro de medidas padrão de hoje (cm)

Tamanho	34	36	38	40	42	44	46	48	50	52	54
contorno do busto	80	84	88	92	96	100	104	110	116	122	128
contorno da cintura	62	66	70	74	78	80	86	92	98	104	110
contorno do quadril	86	90	94	98	102	106	110	116	122	128	134
contorno do pescoço	34	35	36	37	38	39	40	41	42	43	44
comprimento lateral da cintura ao chão	105	105	105	105	105	105	105	105	105	105	105
entre cavas costas	33	34,4	35,2	36,2	36,8	37,6	38,3	39,3	40	40,5	40,5
comprimento do ombro	12,4	12,5	12,6	12,7	12,8	12,9	13	13,2	13,4	13,6	13,8
comprimento do braço	59	59	59	60	61	61	61	61	62	62	62
contorno do braço na altura do bíceps	24,5	25,8	27,9	29,2	31,7	31,7	32,7	33,5	35,1	36,1	36,7

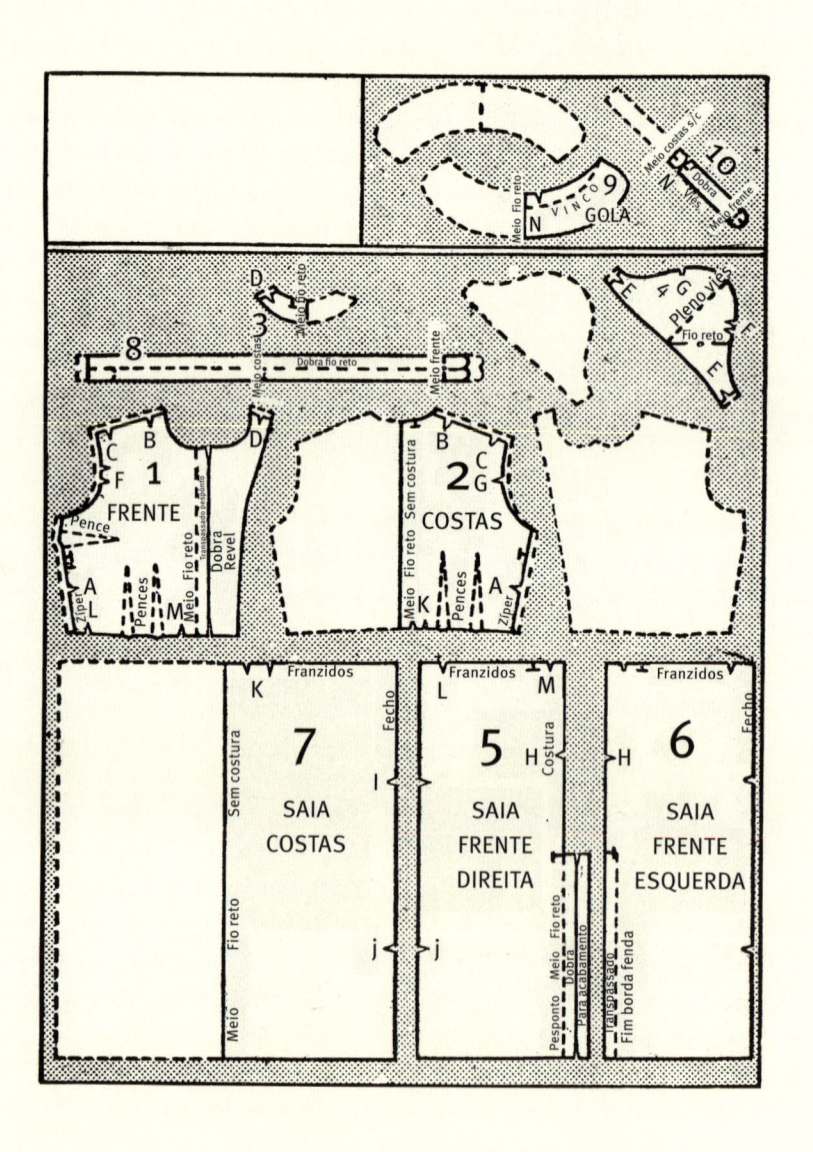

Um vestido escocês

Este molde é formado por dez peças; fixe com alfinetes as peças 9 e 10 ao percal desdobrado com 80 cm de largura; fixe as outras peças rentes e esticadas no tecido desdobrado com 140 cm de largura; atente-se, ao dispor suas peças, para que os quadrados do pano coincidam. Não se esqueça de sanforizar seu tecido antes de utilizá-lo. As peças 5, 6 e 8 são cortadas uma vez. Já a peça 9, três vezes; todas as outras peças, duas vezes. Atenção, ao repeti-las, não se esqueça de mudar as peças do molde de lado (espelhar) para não ter o mesmo lado duplicado. Marque com giz de alfaiate, ou com uma linha, o contorno das peças e lembre-se, ao cortar o tecido, de deixar um pouco a mais no entorno das peças para as costuras (2 cm, no mínimo) ou para as bainhas (de 5 cm a 7 cm). Copie cuidadosamente as peças do tamanho real tendo como referência as medidas indicadas para cada uma. Ao dispor as peças sobre o tecido, respeite o sentido do fio reto ou do viés, indicado em cada uma delas no plano de corte sobre a manga que é cortada na diagonal. O fio reto é indicado para que você não tenha dificuldade caso não seja *expert* na arte de encontrar o viés perfeito.

Peça 1. CORPETE FRENTE. Meio da frente no fio reto. Também indica o lugar do pesponto decorativo; o mesmo serve para o revel. Faça as pences.

Peça 2. CORPETE COSTAS. Meio das costas no fio reto, sem costura. Faça as pences. Una à parte da frente por AA; na lateral esquerda, deixe uma abertura para o corte abaixo dos piques de marcação para colocar o zíper; feche o ombro por BB CC, embebendo a parte das costas entre os piques de junção.

Peça 3. REVEL DECOTE COSTAS. Meio das costas no fio reto, sem costura. Una à parte superior do acabamento da frente por DD e coloque sob a parte do decote costas, juntando os piques de marcação.

Peça 4. MANGA. Fio reto; em viés pleno. Feche por EE e encaixe na cava por FF na frente e GG nas costas, embebendo levemente a cabeça da manga na curvatura do ombro.

Peça 5. SAIA FRENTE DIREITA. Meio da frente no fio reto com costura acima da marcação que limita a fenda da barra, cujo valor de arremate está incluído e é limitado por um traço.

Peça 6. SAIA FRENTE ESQUERDA. Meio da frente no fio reto com costura acima da marcação. O pontilhado indica a distância até a borda da fenda da frente direita. Junte a frente direita à frente esquerda por II HH. Faça o pesponto decorativo sob a marcação do meio da frente direita, seguindo o pontilhado; ele fixará a fenda sobre a frente esquerda.

Peça 7. Meio das costas no fio reto da peça, sem costura; una com as frentes por II JJ, deixando do lado esquerdo uma abertura acima das marcações para colocar o zíper; franza a linha de cintura das costas e as linhas de cintura nas duas partes da frente da saia até as marcações localizadas no meio da frente. Monte a saia na linha de cintura do corpete por KK nas costas e por LL MM na frente.

Um vestido escocês

Peça 8. CINTO. Borda no fio reto, meio da frente e das costas. Dobre-o em dois, seguindo a linha, e prenda-o no meio da frente; a extremidade arredondada do cinto chega até o outro lado.

Peça 9. GOLA. Meio das costas no fio reto, sem costura para a parte externa e interna da gola. O vinco deve ser feito na linha pontilhada.

Peça 10. PÉ DA GOLA. Borda em viés pleno (o pedaço de tecido é pequeno, mas encontra-se facilmente o sentido dobrando o ângulo superior do lado direito para levar a borda da ourela do tecido, ou seja, da vertical, sobre a outra borda, do lado da trama, que é horizontal; a dobra do tecido lhe oferece o viés pleno).

Meio das costas, sem costura; dobre em dois. Encaixe na gola por NN nas costas, feche no meio da frente e fixe sob o decote do vestido por botões de pressão ou por um ponto de lado. Antes de utilizar este molde, certifique-se de que suas medidas correspondem às indicadas abaixo.

Este molde foi feito para um manequim com as seguintes medidas: busto, 88 cm; cintura, 67 cm; quadril, 95 cm; comprimento total da peça pela frente desde o ombro, 118 cm.

Como obter um tamanho maior ou menor?

Partindo do 40 (tamanho original do molde, atual 36-39) para obter um tamanho 42, aumente o molde da seguinte forma: corpete frente e costas, revel decote costas, linha de cima do revel da frente, no ombro, ½ cm. Frente e costas, nas cavas, ½ cm, ajuste a linha do molde abaixo do braço; nas laterais, 1 cm; manga, de cada lado da costura, 1 cm; cinto, em cada extremidade, 2 cm; gola e pé da gola, de cada lado do meio das costas, 1 cm. Para a saia, afrouxe os franzidos para obter 4 cm a mais na cintura.
As linhas pontilhadas, desenhadas na parte exterior das peças no plano de corte, mostram as modificações feitas.
Para obter um tamanho 38, por exemplo, diminua seu molde nas mesmas proporções indicadas anteriormente.
Para diminuir seu molde tamanho 40 já copiado, trace as reduções nos lugares indicados no interior das peças e recorte-as com cuidado antes de utilizá-las. Em ambos os casos, sobretudo, não se esqueça de prever a medida a mais das costuras e das bainhas ao dispor suas peças sobre o tecido antes de cortá-las.

Um vestido para dias ensolarados

Molde de costura pronto para cortar, não incluído em tamanho real
Tamanho 44 (atual 40-42)
Molde marrom, prancha 4

O longo decote V deste vestido é cruzado acima da cintura, deixando aparecer um peitilho do mesmo tecido. As pregas/pences na frente e nas costas marcam a cintura que, por sua vez, é cortada sob o cinto que pode ser feito com tecido de cor contrastante ou com o mesmo tecido. As mangas são do tipo ¾. A saia é ajustada por pregas não vincadas e irregulares que dão um efeito abaloado sobre os quadris.

Metragem: 390 × 90 cm; cinto: 15 × 90 cm.

Este molde foi feito para um manequim com as seguintes medidas:
Busto: 96 cm
Cintura: 75 cm
Quadril: 103 cm

Correspondências com o quadro de medidas padrão de hoje (cm)

Tamanho	34	36	38	40	42	44	46	48	50	52	54
contorno do busto	80	84	88	92	96	100	104	110	116	122	128
contorno da cintura	62	66	70	74	78	80	86	92	98	104	110
contorno do quadril	86	90	94	98	102	106	110	116	122	128	134
contorno do pescoço	34	35	36	37	38	39	40	41	42	43	44
comprimento lateral da cintura ao chão	105	105	105	105	105	105	105	105	105	105	105
entre cavas costas	33	34,4	35,2	36,2	36,8	37,6	38,3	39,3	40	40,5	40,5
comprimento do ombro	12,4	12,5	12,6	12,7	12,8	12,9	13	13,2	13,4	13,6	13,8
comprimento do braço	59	59	59	60	61	61	61	61	62	62	62
contorno do braço na altura do bíceps	24,5	25,8	27,9	29,2	31,7	31,7	32,7	33,5	35,1	36,1	36,7

Um vestido para dias ensolarados

Este molde é formado por nove peças que devem ser alfinetadas adequadamente ao tecido desdobrado com 90 cm de largura. A peça 9 tem corte único. Repita três vezes o corte da peça 5; as outras devem ser cortadas duas vezes. Ao cortá-las, sempre deixe um pouco a mais de tecido para as costuras e para as bainhas.

Peça 1. CORPETE FRENTE. Meio da frente no fio reto. Faça a pence debaixo do braço e as pregas soltas da cintura no sentido indicado pelas setas. Os traços contínuos marcam a borda das pregas; os pontilhados, o lugar até onde elas vão.

Peça 2. CORPETE COSTAS. Meio das costas no fio reto, sem costura. Faça as pregas soltas da cintura no sentido indicado pelas setas. Os traços contínuos marcam a borda das pregas; os pontilhados, o lugar até onde elas vão. Junte as costas à parte da frente por AA na lateral, deixando no lado esquerdo uma abertura abaixo das marcações para colocar o zíper. Feche o ombro por BB CC, embebendo um pouco a parte das costas entre os piques de junção.

Peça 3. PARTE INTERNA DA GOLA. Meio das costas em viés, com costura. Encaixe no colarinho por DD nas costas e por EE na parte da frente.

Peça 4. PARTE EXTERNA DA GOLA. Meio das costas no fio reto, sem costura; deve ser colocado sobre a parte interna da gola e sob a borda da parte da frente, correspondendo DD nas costas. O vinco da gola e da vista deve ser feito seguindo a linha.

Peça 5. PEITILHO. Meio da frente no fio reto, sem costura. Dobre o topo, igualmente sem costura, para formar o forro. Coloque o peitilho sob o decote da frente. O vinco da vista do corpete chega até a linha do peitilho. Coloque as marcações uma de frente para a outra.

Peça 6. MANGA. Fio reto. Feche por FF GG, embebendo um pouco a parte das costas no cotovelo. Encaixe a manga costurada na cava por HH na parte da frente e por II na parte das costas, embebendo levemente a cabeça da manga na curvatura do ombro.

Peça 7. SAIA FRENTE. Meio da frente no fio reto, sem costura.

Peça 8. SAIA COSTAS. Meio das costas no fio reto, sem costura. Junte à saia da frente por JJ KK, deixando do lado esquerdo uma abertura acima dos piques de marcação para colocar o zíper. Forme as pregas no sentido indicado pelas setas. Os traços contínuos marcam a borda das pregas; os pontilhados, o lugar até onde elas chegam. Monte a saia costurada com o corpete por LL nas costas e MM NN na parte frente.

Peça 9. CINTO. Borda no fio reto; o meio da frente e o meio das costas estão no molde. Ele é dobrado em dois, seguindo a linha. Coloque na cintura e feche no meio das costas com colchetes; a extremidade pontuda chega até o outro lado.

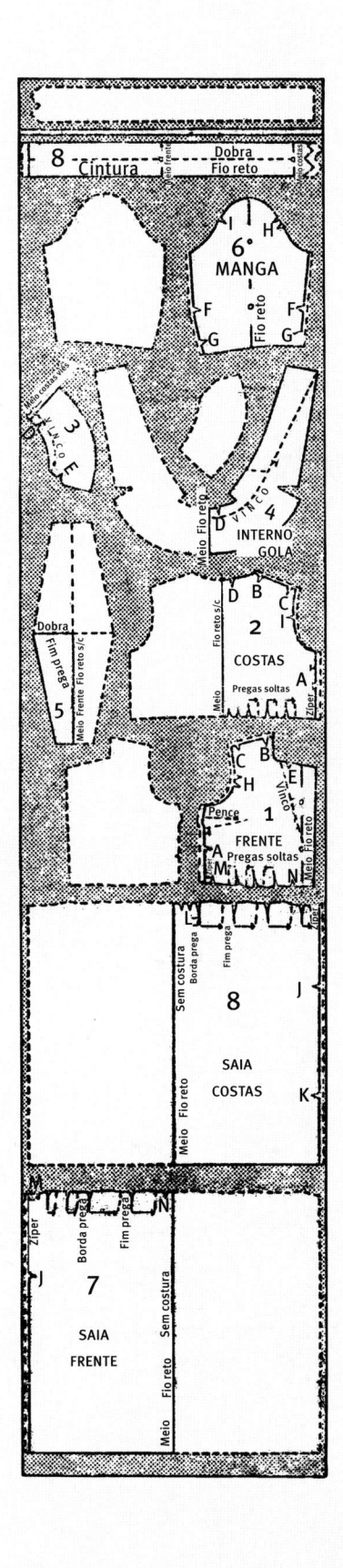

Um vestido para dias ensolarados

Nota: você pode fazer dois cintos, um com o mesmo tecido do vestido e outro com tecido de cor mais viva.

Este molde é para um manequim com as seguintes medidas: busto, 96 cm; cintura, 75 cm; quadril, 103 cm.

Como obter um tamanho maior ou menor?

Partindo do 44 (tamanho original do molde, atual 40-42) para obter um 46, aumente o molde da seguinte forma: corpete frente e costas, nos ombros, ½ cm; nas laterais, 1 cm; nas cavas, ½ cm; ajuste a linha do molde abaixo do braço. Nas partes externas e internas da gola de cada lado do meio das costas, 1 cm; manga, de cada lado da costura, 1 cm; saia frente e costas, na lateral, 1 cm; cinto, em cada extremidade, 2 cm.
Para obter um tamanho 42, por exemplo, diminua seu molde nos mesmos lugares, seguindo as proporções indicadas anteriormente.

Um vestido com peitilho

Molde de costura, pronto para cortar, não incluído em tamanho real
Tamanho 44 (atual 40-42)
Molde azul, prancha 4

O corpete ajustado deste vestido em tecido estampado, bem decotado, é ornado com um peitilho plissado com gola virada em tecido liso. A saia é franzida na cintura sob um cinto também plissado. Uma tira do mesmo tecido liso destaca a barra das mangas e da saia.

Metragem: 345 × 90 cm;
tecido para ornamento liso: 120 × 90 cm.

Este molde foi feito para um manequim com as seguintes medidas:
Busto: 96 cm
Cintura: 75 cm
Quadril: 103 cm

Correspondências com o quadro de medidas padrão de hoje (cm)

Tamanho	34	36	38	40	42	44	46	48	50	52	54
contorno do busto	80	84	88	92	96	100	104	110	116	122	128
contorno da cintura	62	66	70	74	78	80	86	92	98	104	110
contorno do quadril	86	90	94	98	102	106	110	116	122	128	134
contorno do pescoço	34	35	36	37	38	39	40	41	42	43	44
comprimento lateral da cintura ao chão	105	105	105	105	105	105	105	105	105	105	105
entre cavas costas	33	34,4	35,2	36,2	36,8	37,6	38,3	39,3	40	40,5	40,5
comprimento do ombro	12,4	12,5	12,6	12,7	12,8	12,9	13	13,2	13,4	13,6	13,8
comprimento do braço	59	59	59	60	61	61	61	61	62	62	62
contorno do braço na altura do bíceps	24,5	25,8	27,9	29,2	31,7	31,7	32,7	33,5	35,1	36,1	36,7

Um vestido com peitilho

Este molde é formado por dez peças. As peças 3, 4, 6 e 10 devem ser fixadas por alfinetes ao tecido liso desdobrado com 90 cm de largura. As outras devem ser dispostas sobre o tecido estampado igualmente desdobrado com 90 cm de largura. As peças 3, 4 e 10 são cortadas uma vez. Já a peça 6, três vezes. E todas as outras, duas vezes. Corte cada uma deixando uma sobra de tecido para as costuras e para as bainhas.

Peça 1. CORPETE FRENTE. Meio da frente no fio reto. Faça as pences.

Peça 2. REVEL DO DECOTE FRENTE. Meio da frente no fio reto. Coloque sob a borda do decote da frente, dispondo as marcações encaixadas entre si.

Peça 3. PEITILHO LADO DIREITO. Meio da frente no fio reto. O valor para arremate da borda, também demarcado no molde, é limitado por um traço. Forme as pregas no sentido indicado pelas setas. Os traços contínuos marcam a borda das pregas; os pontilhados, o lugar até onde elas devem ir.

Peça 4. PEITILHO LADO ESQUERDO. Meio da frente no fio reto. O valor para arremate, demarcado no molde, é limitado por um traço. Forme as pregas no sentido indicado pelas setas, como foi feito no peitilho do lado direito. A borda da frente desta peça chega até o peitilho do lado esquerdo na primeira linha pontilhada. Deslize o peitilho sob o decote do corpete; a borda deste chega até a linha pontilhada. Una as marcações de cada lado do decote.

Peça 5. CORPETE COSTAS. Meio das costas no fio reto. Faça a prega macho na cintura no sentido indicado pelas setas. Os pequenos traços marcam as bordas da prega; o pontilhado, o lugar até onde elas vão. Junte o corpete das costas ao da frente por AA na lateral, deixando do lado esquerdo uma abertura abaixo das marcações para colocar o zíper; feche o ombro por BB CC, reforçando um pouco a parte das costas entre as junções B e C.

Peça 6. GOLA. Meio das costas no fio reto, sem costura. Una com o colarinho do corpete costas e com o peitilho, correspondendo DD nas costas. O vinco da gola deve ser feito na linha pontilhada.

Peça 7. MANGA. No fio reto. Feche em EE e monte com a cava do corpete em FF na parte da frente e em GG nas costas, embebendo levemente a cabeça da manga na curvatura do ombro. Coloque na barra uma faixa de tecido liso no fio reto medindo 34 x 7 cm. Dobre-o em dois e prenda-o formando uma tira de 1,3 cm.

Peça 8. SAIA FRENTE. Meio da frente no fio reto, sem costura.

Peça 9. SAIA COSTAS E LATERAL FRENTE. Meio das costas no fio reto, com costura. Faça uma fenda na cintura do lado esquerdo, como indicado pelo traço contínuo, limitado por uma marcação de pique, para colocar o zíper. Junte a saia costas à saia frente por HH II. Coloque

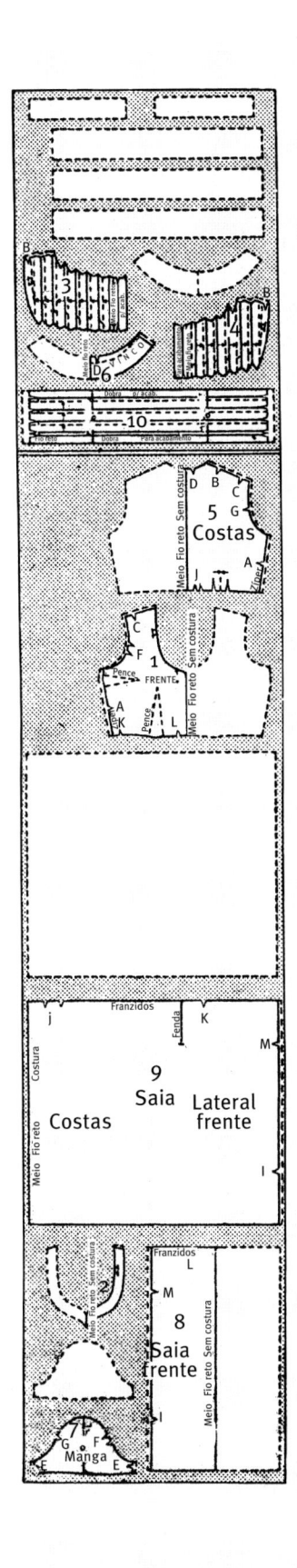

Um vestido com peitilho

sob a barra da saia uma faixa de tecido no fio reto medindo 216 x 10 cm. Dobre-o em dois e prenda-o formando uma tira de 1,3 cm. Franza a parte superior da saia na cintura e monte-a, costurando-a com o corpete por JJ nas costas e por KK LL na frente.

Peça 10. CINTO. Borda no fio reto; o meio da frente e o meio das costas estão indicados por marcações de pique. Forme as três pregas no sentido mostrado pelas setas. Os traços contínuos marcam a borda das pregas; os pontilhados, o lugar até onde elas vão. Os valores de arremate da parte superior e inferior, igualmente incluídos no molde, são limitados por um traço; dobre-os para situar a costura no meio da parte inferior do cinto que é presa na cintura e que fecha do lado esquerdo, onde a frente chega até as costas no pontilhado.

Este molde foi feito para um manequim com as seguintes medidas: busto, 96 cm; cintura, 75 cm; quadril, 103 cm.

Como obter um tamanho maior ou menor?

Partindo do 44 (tamanho original do molde, atual 40-42) para obter o tamanho 46, aumente o molde da seguinte forma: corpete frente e costas, peitilho lado direito e esquerdo e revel decote frente, no ombro, ½ cm; corpete frente e costas, na lateral, 1 cm; cavas, ½ cm; ajuste a linha do molde abaixo do braço; gola, na frente, 1 cm; manga, de cada lado da costura, 1 cm; saia frente e costas, na lateral, 1 cm; cinto, em cada ponta, 2 cm. Alongue em 2 cm a tira da manga e tire da saia 4 cm. As linhas pontilhadas desenhadas na parte externa das peças no plano de corte mostram as modificações feitas.
Para obter um tamanho 42, por exemplo, diminua seu molde nos mesmos lugares, seguindo as proporções indicadas anteriormente.

Um conjunto para a praia

Molde de costura pronto para cortar, não incluído em tamanho real
Tamanho 44 (atual 40-42)
Molde verde, prancha 2

Esportivo, o casaco reto é fechado na frente
por quatro botões. Um duplo pesponto
salienta a gola, a pala, os punhos, os bolsos
aplicados e suas abas abotoadas. As mangas
¾ são presas no punho. A saia reta é ajustada por pences na cintura. A costura do meio
das costas termina em uma prega simples.

Metragem: 390 × 90 cm.

Este molde foi feito para um manequim com
as seguintes medidas:
Busto: 96 cm
Cintura: 75 cm
Quadril: 103 cm

Correspondências com o quadro de medidas padrão de hoje (cm)

Tamanho	34	36	38	40	42	44	46	48	50	52	54
contorno do busto	80	84	88	92	96	100	104	110	116	122	128
contorno da cintura	62	66	70	74	78	80	86	92	98	104	110
contorno do quadril	86	90	94	98	102	106	110	116	122	128	134
contorno do pescoço	34	35	36	37	38	39	40	41	42	43	44
comprimento lateral da cintura ao chão	105	105	105	105	105	105	105	105	105	105	105
entre cavas costas	33	34,4	35,2	36,2	36,8	37,6	38,3	39,3	40	40,5	40,5
comprimento do ombro	12,4	12,5	12,6	12,7	12,8	12,9	13	13,2	13,4	13,6	13,8
comprimento do braço	59	59	59	60	61	61	61	61	62	62	62
contorno do braço na altura do bíceps	24,5	25,8	27,9	29,2	31,7	31,7	32,7	33,5	35,1	36,1	36,7

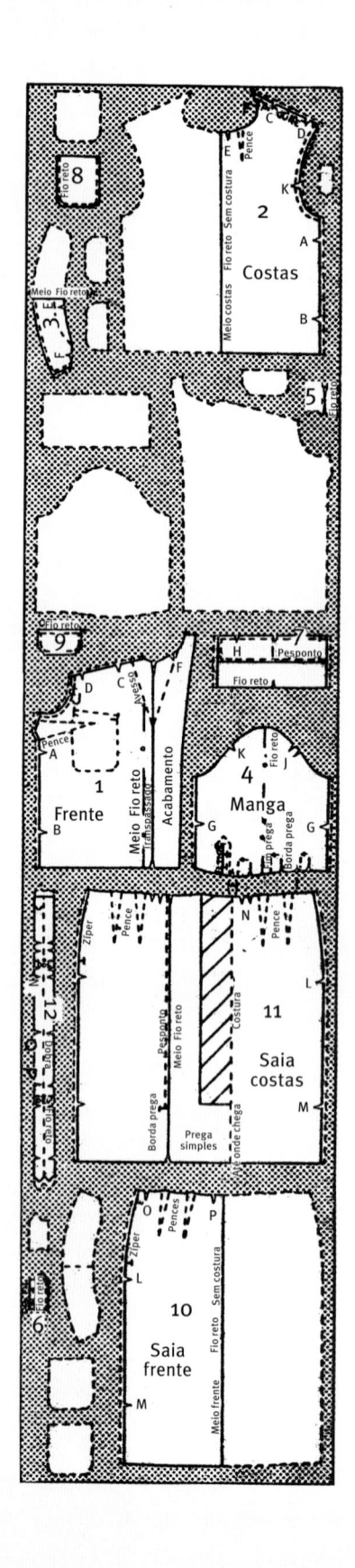

Um conjunto para a praia

Este molde é formado por doze peças que devem ser fixadas com alfinetes ao tecido desdobrado com 90 cm de largura. As peças 11 e 12 são cortadas uma vez; corte três vezes as peças 3, 8 e 9; já as outras peças devem ser cortadas duas vezes. Ao cortá-las, sempre deixe uma sobra de tecido para as costuras e para as bainhas.

CASACO

Peça 1. FRENTE. Meio da frente no fio reto (linha indicada); o mesmo para o revel. Faça a pence.

Peça 2. COSTAS. Meio das costas no fio reto, sem costura. Faça a pence. Junte as costas à frente por AA BB. A parte que forma a pala nos ombros se une à frente por CC DD; seguindo essa linha, faça uma nervura com pespontos na borda e um pesponto decorativo a 7,5 mm da borda.

Peça 3. GOLA. Meio das costas no fio reto, sem costura para a parte externa e para a parte interna da gola. Prenda a gola ao decote por EE FF nas costas. O revel se une na parte superior da gola por FF. Os vincos da gola e da vista devem ser feitos seguindo a linha. Faça uma nervura com pespontos na borda da gola e um pesponto decorativo a 7,5 mm da borda da gola, seguindo a linha.

Peça 4. MANGA. Fio reto. Feche por GG.

Peça 5. CARCELA INFERIOR. Borda no fio reto. Una à borda lateral as costas da fenda da manga, colocando as marcações de pique encaixadas entre si. Dobre a carcela inferior em dois, seguindo o traço situado entre os piques de junção.

Peça 6. CARCELA. Borda no fio reto. Una à borda lateral da frente da fenda colocando as marcações de piques encaixadas entre si. Dobre seguindo o traço para fixar sobre a manga no alto e do lado oposto à dobra por uma nervura de pespontos. Faça o pesponto decorativo seguindo a linha pontilhada. Forme as pregas na barra (parte inferior) da manga, no sentido indicado pelas setas. Os traços contínuos marcam a borda da prega; os pontilhados, o lugar até onde ela vai.

Peça 7. PUNHO. Borda no fio reto. Dobre em dois, seguindo o traço, e monte na barra (linha inferior) da manga por HH II. Faça uma nervura de pespontos na borda do punho e um pesponto decorativo a 7,5 mm da borda, seguindo a linha; a extremidade do lado do punho vai até o outro lado. Monte a manga costurada com a cava por JJ na parte da frente e por KK nas costas, embebendo levemente a cabeça da manga na curvatura do ombro. Faça uma nervura de pespontos para salientar a montagem da manga e o pesponto decorativo a 7,5 mm da montagem, seguindo a linha marcada no casaco.

Um conjunto para a praia

Peça 8. BOLSO. Borda no fio reto. Forre com o mesmo tecido. Aplique na parte da frente do casaco no lugar limitado por pontilhados e fixe com uma nervura de pespontos feita na borda. Faça o pesponto decorativo a 7,5 mm da borda, seguindo a linha.

Peça 9. ABA DO BOLSO. Borda no fio reto. Forre com o mesmo tecido: faça dos dois lados e, na base da aba, faça uma nervura de pespontos; mantenha o pesponto decorativo a 7,5 mm da borda, seguindo a linha. Fixe o topo da aba sobre a linha situada acima do bolso por uma nervura de pespontos e pelo pesponto decorativo que deve ser feito a 7,5 mm da borda, seguindo a linha.

Este molde foi feito para um manequim com as seguintes medidas: busto, 96 cm; cintura, 75 cm; quadril, 103 cm; comprimento do casaco, 57 cm; comprimento da saia, 75 cm.

SAIA

Peça 10. FRENTE. Meio da frente no fio reto, sem costura. Faça as pences.

Peça 11. COSTAS. A borda da prega do meio das costas no fio reto é indicada por um traço até o pontilhado. Costure a prega da cintura até o começo da abertura da prega. Tire depois da prova somente a parte da profundidade da prega, marcada em listras. Faça o pesponto decorativo a 7,5 mm da costura da prega, seguindo a linha. Faça as pences. Junte a saia costas com a saia frente por LL MM, deixando no lado esquerdo uma abertura acima das marcações de piques para colocar o zíper.

Peça 12. CÓS. Borda no fio reto. No meio da frente e no meio das costas, o cós se dobra em dois seguindo a linha e é preso na saia por NN nas costas e por OO PP na frente; ele é colocado do lado esquerdo no lugar onde a extremidade pontiaguda da frente chega sobre as costas nos pontilhados.

Como obter um tamanho maior ou menor?

Partindo do 44 (tamanho original do molde, atual 40-42) para obter um 46, aumente o molde da seguinte forma:

CASACO: frente e revel, e costas, na parte que forma a pala, ½ cm; frente e costas na lateral, 1 cm; nas cavas, ½ cm; ajuste a linha do molde abaixo do braço; gola frente, 1 cm; manga de cada lado da costura e punho, em cada extremidade, 1 cm.
SAIA: frente e costas, na lateral, 1 cm; cós, em cada extremidade, 2 cm. As linhas pontilhadas desenhadas no exterior das peças nos planos de corte indicam os aumentos.
Para obter um tamanho 42, por exemplo, basta diminuir seu molde nos mesmos lugares, seguindo as proporções indicadas anteriormente.

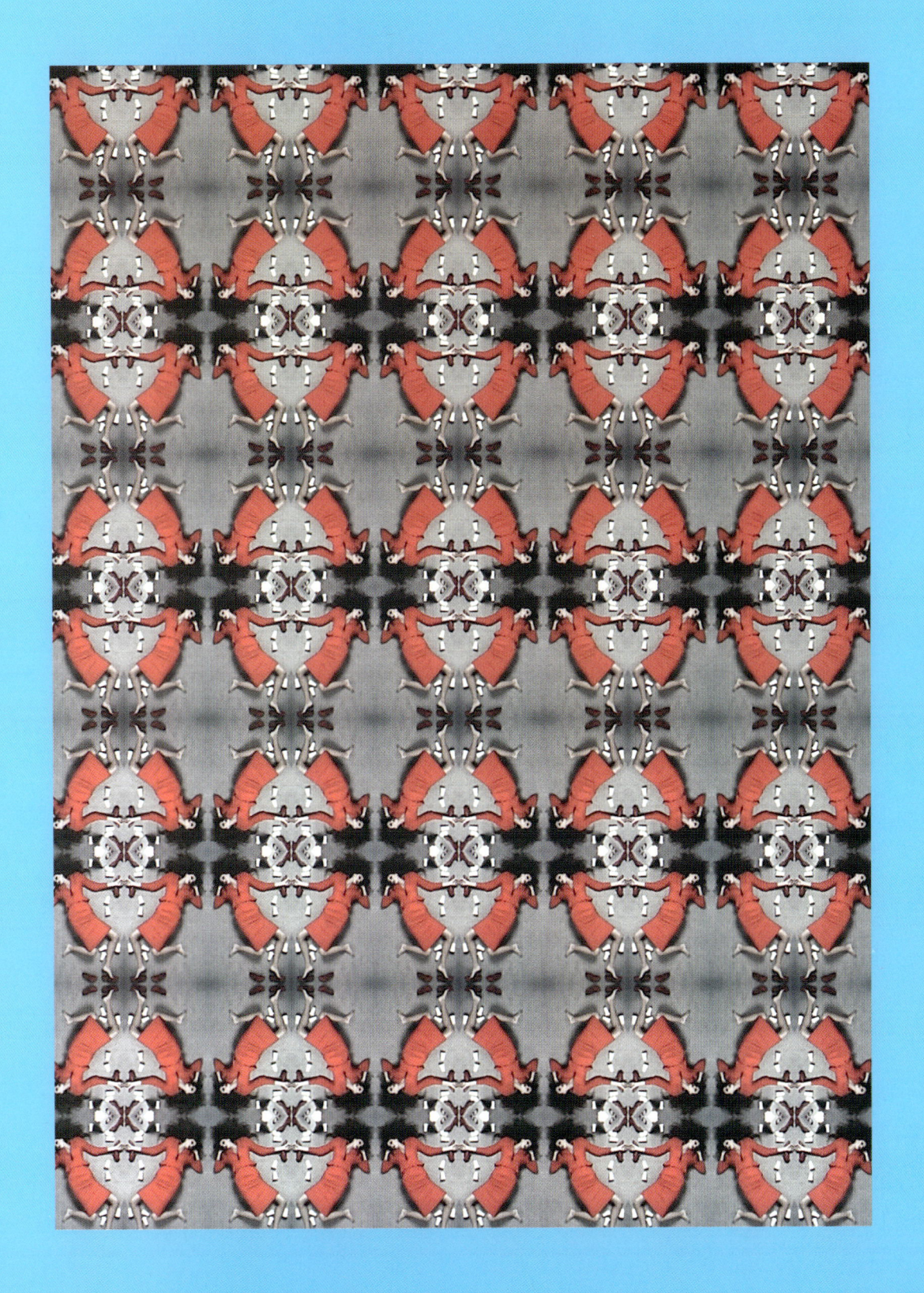

Uma camisa com gola gravata

Molde de costura pronto para cortar, não incluído em tamanho real
Tamanho 44 (atual 40-42)
Molde vermelho, prancha 2

Com mangas tipo quimono cavadas, este corpete é reto, aberto na base das laterais e fechado na frente por uma abotoadura simples. A gola forma uma gravata com nó. Os dois bolsos têm uma prega macho e uma aba.

Metragem: 190 × 90 cm.

Este molde foi feito para um manequim com as seguintes medidas:
Busto: 96 cm
Cintura: 75 cm
Quadril: 103 cm

Correspondências com o quadro de medidas padrão de hoje (cm)

Tamanho	34	36	38	40	42	44	46	48	50	52	54
contorno do busto	80	84	88	92	96	100	104	110	116	122	128
contorno da cintura	62	66	70	74	78	80	86	92	98	104	110
contorno do quadril	86	90	94	98	102	106	110	116	122	128	134
contorno do pescoço	34	35	36	37	38	39	40	41	42	43	44
comprimento lateral da cintura ao chão	105	105	105	105	105	105	105	105	105	105	105
entre cavas costas	33	34,4	35,2	36,2	36,8	37,6	38,3	39,3	40	40,5	40,5
comprimento do ombro	12,4	12,5	12,6	12,7	12,8	12,9	13	13,2	13,4	13,6	13,8
comprimento do braço	59	59	59	60	61	61	61	61	62	62	62
contorno do braço na altura do bíceps	24,5	25,8	27,9	29,2	31,7	31,7	32,7	33,5	35,1	36,1	36,7

Uma camisa com gola gravata

Este molde é formado por oito peças que devem ser fixadas com alfinetes ao tecido desdobrado com 90 cm de largura. Deve-se cortar a peça 8 três vezes. As outras devem ser cortadas duas vezes. Ao cortá-las, sempre deixe uma sobra de tecido para as costuras e para as bainhas.

Peça 1. FRENTE. Meio da frente no fio reto. O revel, também incluído, é limitado por um traço com piques nas extremidades que indicam a dobra. Faça a pence.

Peça 2. COSTAS. Meio das costas no fio reto, sem costura. Faça a pence do ombro. Junte as costas à frente por AA BB, até as marcações que indicam o começo da abertura cujos arremates, incluídos nos moldes da frente e das costas, são limitados por um traço com pique na extremidade. Feche o ombro por CC DD.

Peça 3. GOLA GRAVATA. Fio reto na dobra indicada por uma linha pontilhada. Encaixe a gola no decote por EE nas costas até as marcações de pique da frente. Prenda a gola ao decote entre o pique das costas e a marcação que indica a finalização do decote na frente.

Peça 4. REVEL DA CAVA FRENTE. Fio reto (linha indicada).

Peça 5. REVEL DA CAVA COSTAS. Fio reto (linha indicada). Junte ao revel da frente por FF no ombro e por GG na parte de baixo do braço. Coloque o revel sob a borda da cava coincidindo as marcações da frente e das costas.

Peça 6. BOLSO. Borda do topo no fio reto. Forme a prega macho do meio no sentido indicado pelas setas. Os traços com piques nas extremidades indicam as bordas da prega; a linha pontilhada, o lugar até onde elas chegam.

Peça 7. FORRO DO BOLSO. Fio reto; coloque sob o bolso que deve ser aplicado na frente, no lugar que lhe está reservado, limitado pelos pontilhados.

Peça 8. ABA DO BOLSO. Fio reto. É forrada com o mesmo tecido e colocada em cima do bolso sobre a linha pontilhada limitada pelas marcações.

Este molde foi feito para um manequim com as seguintes medidas: busto, 96 cm; cintura, 75 cm; quadril, 103 cm.

Como obter um tamanho maior ou menor?

Partindo do 44 (tamanho original do molde, atual 40-42) para obter um tamanho 46, aumente o molde da seguinte forma: frente, revel e costas, no ombro, ½ cm; na lateral, 1 cm; nas cavas, ½ cm; ajuste a linha do molde abaixo do braço. Gola de cada lado do meio das costas, 1 cm. Revel cava frente e costas abaixo do braço, 1 cm.
Para obter, por exemplo, um tamanho 42, diminua o molde nos mesmos lugares, seguindo as proporções indicadas anteriormente.

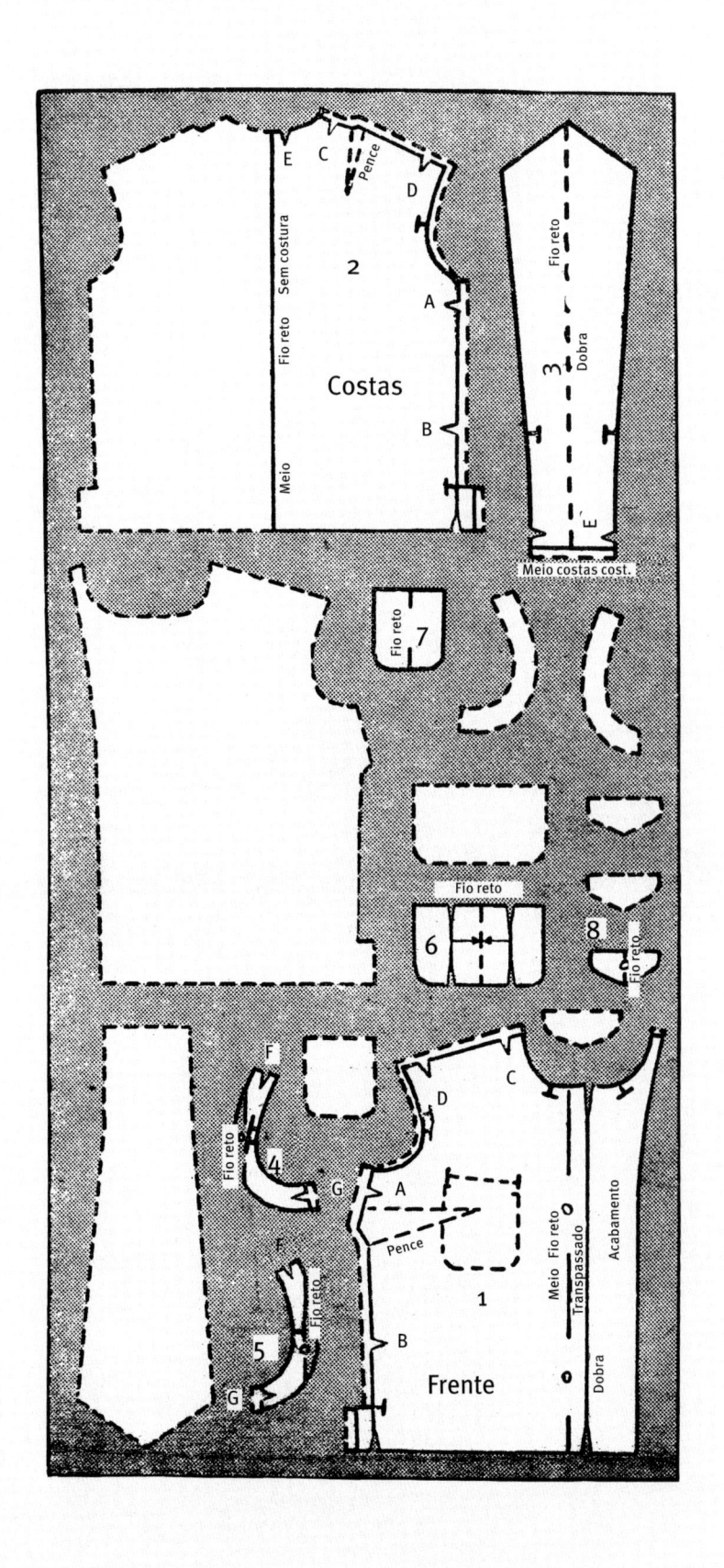

Um vestido para moças

Molde de costura pronto para cortar, não incluído em tamanho real
Tamanho 44 (atual tamanho 40-42)
Molde violeta, prancha 1

Vestido com gola redonda rente ao pescoço. O corpete é acinturado na frente por costuras que partem desde as cavas e as costas por longas pences. A saia, encaixada sob a cintura, tem pregas fêmea que se abrem abaixo dos quadris.

Metragem: 235 × 140 cm.

Este molde foi feito para um manequim com as seguintes medidas:
Busto: 96 cm
Cintura: 75 cm
Quadril: 103 cm

Correspondências com o quadro de medidas padrão de hoje (cm)

Tamanho	34	36	38	40	42	44	46	48	50	52	54
contorno do busto	80	84	88	92	96	100	104	110	116	122	128
contorno da cintura	62	66	70	74	78	80	86	92	98	104	110
contorno do quadril	86	90	94	98	102	106	110	116	122	128	134
contorno do pescoço	34	35	36	37	38	39	40	41	42	43	44
comprimento lateral da cintura ao chão	105	105	105	105	105	105	105	105	105	105	105
entre cavas costas	33	34,4	35,2	36,2	36,8	37,6	38,3	39,3	40	40,5	40,5
comprimento do ombro	12,4	12,5	12,6	12,7	12,8	12,9	13	13,2	13,4	13,6	13,8
comprimento do braço	59	59	59	60	61	61	61	61	62	62	62
contorno do braço na altura do bíceps	24,5	25,8	27,9	29,2	31,7	31,7	32,7	33,5	35,1	36,1	36,7

Um vestido para moças

Este molde é formado por nove peças que devem ser fixadas por alfinetes ao tecido do avesso reto com 140 cm de largura dobrado em dois, frente a frente. Ao cortá-las, sempre deixe uma sobra de tecido para as costuras e para as bainhas.

Peça 1. CORPETE FRENTE. Meio da frente no fio reto, sem costura.

Peça 2. CORPETE LATERAL FRENTE. Fio reto. Una com a parte da frente por AA BB CC.

Peça 3. CORPETE COSTAS. Borda do meio das costas no fio reto, com abertura para colocar o zíper. Faça as pences. Una com a parte da frente por DD EE. Feche o ombro por FF GG. A localização da cintura é indicada na frente e nas costas por uma linha.

Peça 4. REVEL DO DECOTE FRENTE. Meio da frente no fio reto, sem costura.

Peça 5. REVEL DO DECOTE COSTAS. Borda do meio das costas no fio reto. Junte ao revel da parte da frente por HH. Coloque o revel sob o corpete deixando as marcações do decote encaixadas às do revel, tanto na frente como nas costas.

Peça 6. REVEL DA CAVA FRENTE. Fio reto.

Peça 7. REVEL DA CAVA COSTAS. Fio reto. Junte ao revel da frente por II no ombro e por JJ abaixo do braço. Coloque o revel sob as cavas do corpete na parte da frente e nas costas, deixando as marcações encaixadas entre si.

Peça 8. SAIA FRENTE. Meio da frente no fio reto, sem costura.

Peça 9. SAIA COSTAS. Meio das costas no fio reto, sem costura até a marcação que indica o começo da fenda a ser feita para colocar o zíper. Junte a saia costas com a saia frente por KK. Faça as pregas fêmea no sentido indicado pelas setas. Os traços marcam as bordas das pregas fêmea; os pontilhados, o lugar até onde elas vão. Costure o alto das pregas fêmea da cintura até as marcações. Depois da prova, tire a parte do fundo das pregas marcadas no plano de corte por linhas oblíquas. Monte a saia e o corpete pela linha de cintura nas costas por LL, na parte da frente por MM NN.

Este molde foi feito para um manequim com as seguintes medidas: busto, 96 cm; cintura, 75 cm; quadril, 103 cm; comprimento do vestido desde o ombro, 120 cm.

Como obter um tamanho maior ou menor?

Partindo do 44 (tamanho original, atual 40-42) para obter um tamanho 46, aumente o molde da seguinte forma: corpete frente e costas, revel decote frente e costas, no ombro, ½ cm; frente, lateral frente e costas, nas cavas, ½ cm; ajuste a linha do molde abaixo do braço;

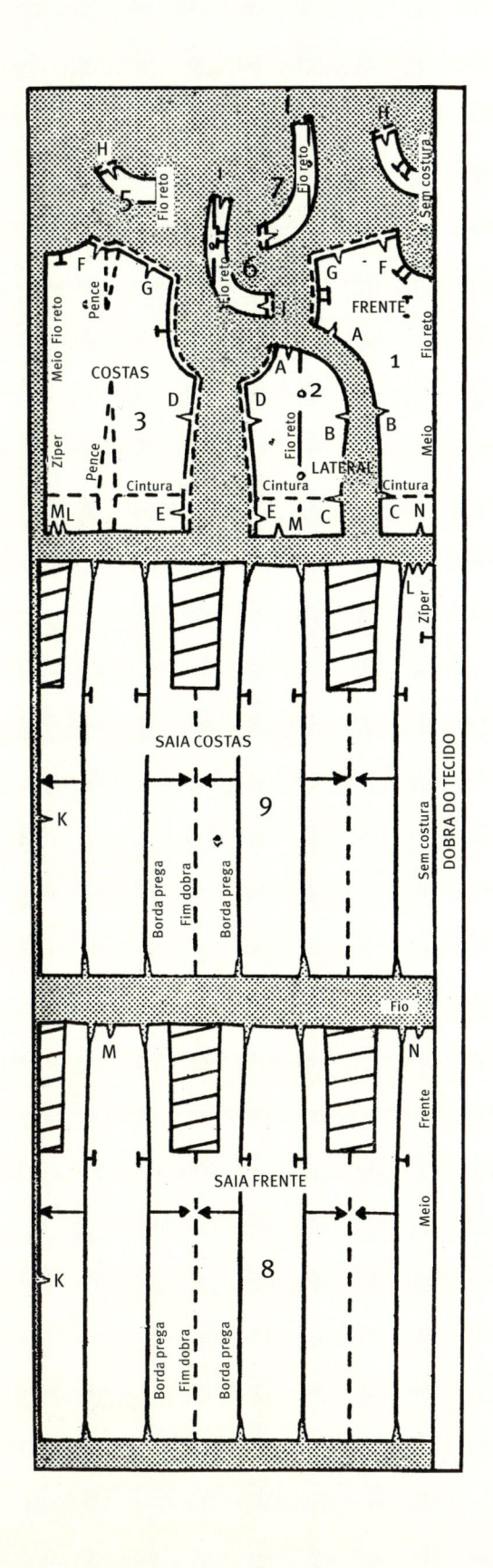

Um vestido para moças

lateral frente, costas, revel cava frente e costas, abaixo do braço, 1 cm. As linhas pontilhadas desenhadas na parte externa das peças no plano de corte indicam os aumentos. Diminua um pouco a profundidade das pregas fêmea na cintura da saia para ter 4 cm a mais.

Para obter, por exemplo, um tamanho 42, diminua seu molde nos mesmos lugares, seguindo as proporções indicadas anteriormente.

Uma calça feminina

Molde de costura pronto para cortar, não incluído em tamanho real
Tamanho 48 (atual 44-46)
Molde verde, prancha 3

A calça curta tem o cós um pouco acima da cintura que é marcada por pences. Tem fecho de zíper no lado esquerdo e bolso na costura no lado direito.

Metragem: 215 × 90 cm de largura; fundo do bolso: 40 × 35 cm.

Este molde foi feito para um manequim com as seguintes medidas:
Cintura: 83 cm
Quadril: 111 cm
Comprimento: 97,5 cm, dos quais 3,5 cm acima da cintura

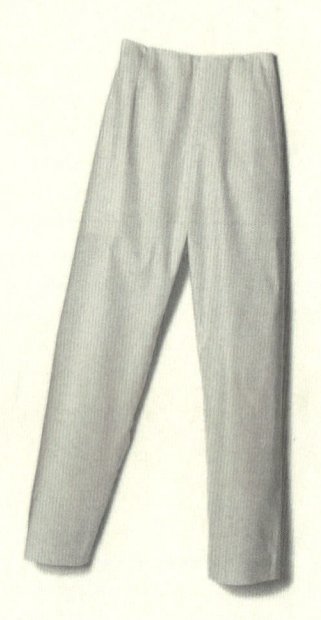

Correspondências com o quadro de medidas padrão de hoje (cm)

Tamanho	34	36	38	40	42	44	46	48	50	52	54
contorno do busto	80	84	88	92	96	100	104	110	116	122	128
contorno da cintura	62	66	70	74	78	80	86	92	98	104	110
contorno do quadril	86	90	94	98	102	106	110	116	122	128	134
contorno do pescoço	34	35	36	37	38	39	40	41	42	43	44
comprimento lateral da cintura ao chão	105	105	105	105	105	105	105	105	105	105	105
entre cavas costas	33	34,4	35,2	36,2	36,8	37,6	38,3	39,3	40	40,5	40,5
comprimento do ombro	12,4	12,5	12,6	12,7	12,8	12,9	13	13,2	13,4	13,6	13,8
comprimento do braço	59	59	59	60	61	61	61	61	62	62	62
contorno do braço na altura do bíceps	24,5	25,8	27,9	29,2	31,7	31,7	32,7	33,5	35,1	36,1	36,7

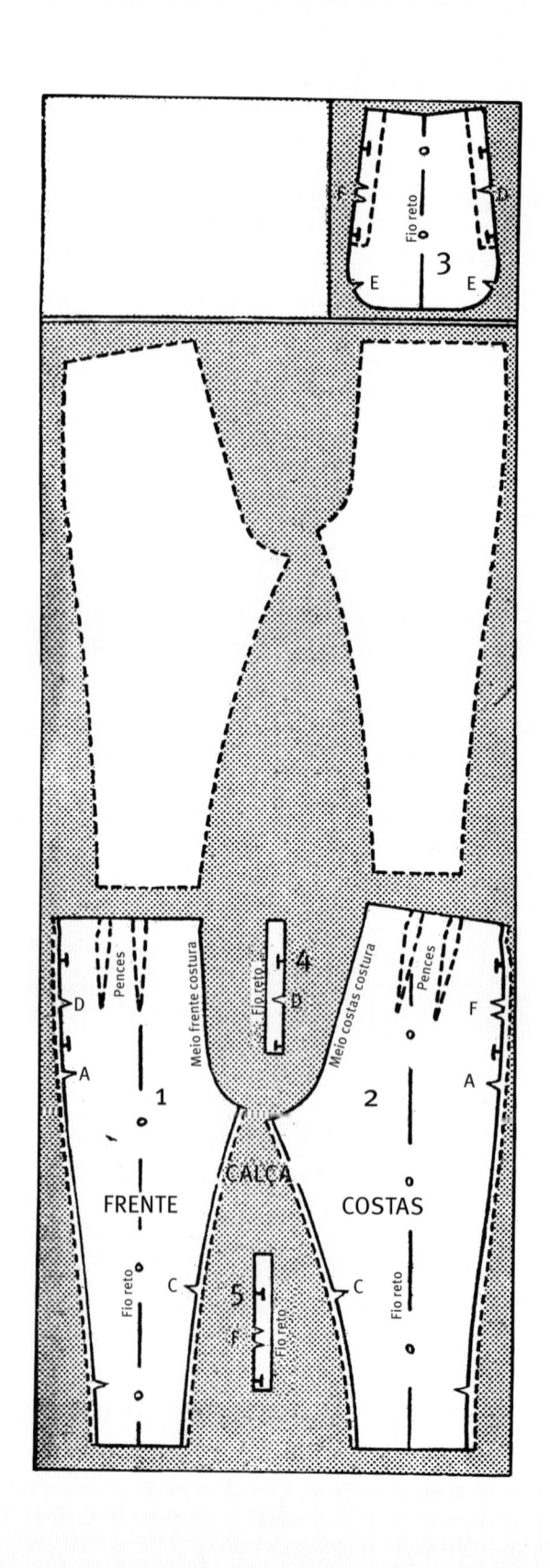

Uma calça feminina

Este molde é formado por cinco peças que devem ser fixadas por alfinetes ao tecido desdobrado com 90 cm de largura. As peças 3, 4 e 5 são cortadas uma única vez; disponha a peça 3 sobre o tecido do forro. Já as outras peças devem ser cortadas duas vezes. Ao cortá-las, sempre deixe uma sobra de tecido para as costuras e para as bainhas.

Peça 1. FRENTE. Fio reto; costura no meio da frente. Faça as pences.

Peça 2. COSTAS. Fio reto; costura no meio das costas. Faça as pences. Una com a frente por AA BB. Do lado direito, deixe a abertura para o bolso entre as duas marcações; do lado esquerdo, deixe uma abertura desde a cintura até as marcações situadas acima dos piques A para colocar o zíper. Feche o entrepernas por CC.

Peça 3. FUNDO DO BOLSO. Fio reto.

Peça 4. VISTA INTERNA SOBRE BOLSO FRENTE. Borda no fio reto. Aplique sobre o fundo do bolso no pontilhado, correspondendo as marcações e os piques D.

Peça 5. VISTA INTERNA SOBRE BOLSO COSTAS. Borda no fio reto. Aplique do outro lado do fundo do bolso no pontilhado, correspondendo as marcações e os piques F. Junte o fundo do bolso com a frente lado direito por DD entre as marcações. Feche o fundo do bolso acima e abaixo das marcações por EE. Una o outro lado do fundo do bolso nas costas por FF entre as marcações.

Este molde foi feito para um manequim com as seguintes medidas: cintura, 83 cm; quadril, 111 cm; comprimento da calça medido pela lateral, 97,5 cm, dos quais 3,5 cm ficam acima da cintura.

Como obter um tamanho maior ou menor?

Partindo do 48 (tamanho original do molde, atual 44-46) para obter um tamanho 50, aumente o molde da seguinte forma: frente e costas, na lateral, 1 cm; nas entrepernas, 1 cm. As linhas pontilhadas desenhadas na parte externa das peças no plano de corte indicam os aumentos. Para obter um tamanho 46, por exemplo, diminua o molde nos mesmos lugares, seguindo as proporções indicadas anteriormente.

Um casaco

Molde de costura pronto para cortar, não incluído em tamanho real
Tamanho 44 (atual 40-42)
Molde azul, prancha 2

Casaco reto levemente afunilado na barra. As mangas tipo quimono nas costas vêm se inserir na frente; elas terminam com uma faixa larga de tecido dobrada de dentro para fora. A grande gola é revestida por uma pele. Este modelo é transpassado facilmente na parte da frente. Os dois bolsos frontais embutidos têm um acabamento com vista.

Metragem: 320 × 140 cm;
fundo dos bolsos: 35 × 40 cm;
gola de pele: 55 × 100 cm;
forro da gola: 55 × 90 cm.

Este molde foi feito para um manequim com as seguintes medidas:
Busto: 96 cm
Cintura: 75 cm
Quadril: 103 cm

Correspondências com o quadro de medidas padrão de hoje (cm)

Tamanho	34	36	38	40	42	44	46	48	50	52	54
contorno do busto	80	84	88	92	96	100	104	110	116	122	128
contorno da cintura	62	66	70	74	78	80	86	92	98	104	110
contorno do quadril	86	90	94	98	102	106	110	116	122	128	134
contorno do pescoço	34	35	36	37	38	39	40	41	42	43	44
comprimento lateral da cintura ao chão	105	105	105	105	105	105	105	105	105	105	105
entre cavas costas	33	34,4	35,2	36,2	36,8	37,6	38,3	39,3	40	40,5	40,5
comprimento do ombro	12,4	12,5	12,6	12,7	12,8	12,9	13	13,2	13,4	13,6	13,8
comprimento do braço	59	59	59	60	61	61	61	61	62	62	62
contorno do braço na altura do bíceps	24,5	25,8	27,9	29,2	31,7	31,7	32,7	33,5	35,1	36,1	36,7

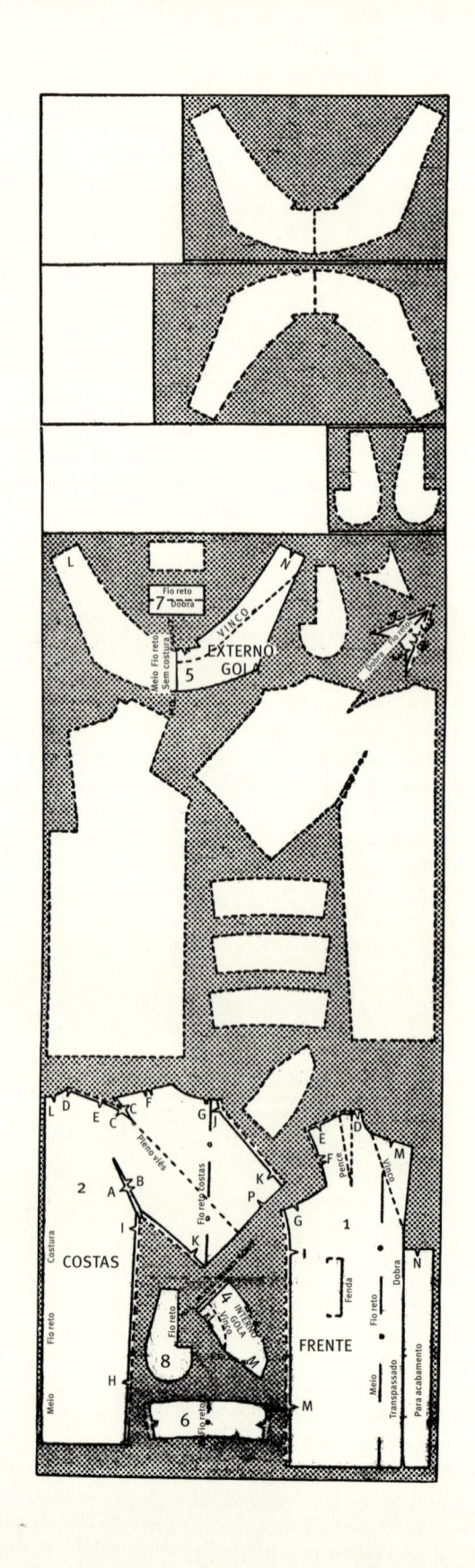

Um casaco

Este molde é formado por oito peças que devem ser fixadas por alfinete ao tecido desdobrado com 140 cm de largura. Repita três vezes a peça 6; as outras peças, duas vezes. A peça 8 será ainda repetida mais duas vezes sobre o tecido do forro desdobrado com 40 cm de largura. Disponha duas vezes a peça 5 sobre a pele e duas vezes sobre o tecido do forro. Ao cortá-las, sempre deixe uma sobra de tecido para as costuras e para as bainhas.

Peça 1. FRENTE. Meio da frente no fio reto. A parte do tecido para acabamento, no molde, é limitado por um traço. Faça a pence.

Peça 2. COSTAS. Meio das costas no fio reto, com costura; fio reto também sobre a manga (linha indicada); o viés pleno é indicado por uma linha tracejada.

Peça 3. FOLE. Viés pleno. Una o fole por AA nas costas e por BB na manga. Feche a pence da cabeça da manga por CC. Junte o ombro por DD EE. Encaixe a manga na parte da frente por FF GG. Junte as costas à parte da frente abaixo do braço por HH II; una a parte inferior da manga por JJ no fole e feche a seguir a parte inferior da manga por KK.

Peça 4. PARTE INFERIOR (interna) DA GOLA. Meio das costas em viés pleno, com costura. Encaixe com o decote por LL nas costas e por MM na parte da frente.

Peça 5. PARTE SUPERIOR (externa) DA GOLA. Meio das costas no fio reto, sem costura. Coloque sobre a parte interna (inferior) da gola, correspondendo LL nas costas, depois sob a borda da frente onde a base se une ao alto do arremate da frente por NN. O vinco da gola e da vista devem ser feitos seguindo a linha. Corte a gola de pele e seu revel meio das costas no fio reto, sem costura. Fixe-a sobre a gola com pontos invisíveis.

Peça 6. PARTE INTERNA BARRA MANGA. Fio reto, feche por OO. Forre com o mesmo tecido; coloque a parte interna na barra da manga por PP.

Peça 7. VISTA DO BOLSO. Borda no fio reto. Dobre em dois, seguindo a linha. Una ao lado da frente da fenda do bolso, indicada por um traço. O topo e a base da vista chegam de um lado e de outro desse traço.

Peça 8. FUNDO DO BOLSO. Borda no fio reto. Coloque um fundo em tecido de forro sob a borda lateral da frente do bolso e um fundo no mesmo tecido do casaco sob a outra borda. Feche o fundo do bolso.

Como obter um tamanho maior ou menor?

Partindo do 44 (tamanho original do molde, atual 40-42) para obter o tamanho 46, aumente o molde da seguinte forma: frente, costas, ombro e em cada lado da pence da cabeça da manga, ½ cm; frente, na borda do corte, ½ cm; ajuste a linha do molde abaixo do braço; frente

Um casaco

e costas abaixo do braço, 1 cm; fole, de cada lado, ½ cm; manga e forro (parte interna) da barra da manga, de cada lado da costura, 1 cm; partes externa e interna da gola, de cada lado do meio das costas, 1 cm. As linhas pontilhadas desenhadas na parte externa das peças, no plano de corte, indicam os aumentos.

Para obter um tamanho 42, por exemplo, diminua o molde nos mesmos lugares, seguindo as proporções indicadas anteriormente.

Um vestido

Molde de costura pronto para cortar, não incluído em tamanho real
Tamanho 40 (atual 36-38)
Molde azul, prancha 3

O corpete deste vestido é fechado na frente por três botões. Duas abas cortadas em viés são aplicadas um pouco acima do busto. A gola baixa é um pouco afastada do pescoço. A largura da saia é ajustada à cintura por grossas pregas macho não passadas a ferro.

Metragem: 270 × 140 cm.

Este molde foi feito para um manequim com as seguintes medidas:
Busto: 88 cm
Cintura: 67 cm
Quadril: 95 cm

Correspondências com o quadro de medidas padrão de hoje (cm)

Tamanho	34	36	38	40	42	44	46	48	50	52	54
contorno do busto	80	84	88	92	96	100	104	110	116	122	128
contorno da cintura	62	66	70	74	78	80	86	92	98	104	110
contorno do quadril	86	90	94	98	102	106	110	116	122	128	134
contorno do pescoço	34	35	36	37	38	39	40	41	42	43	44
comprimento lateral da cintura ao chão	105	105	105	105	105	105	105	105	105	105	105
entre cavas costas	33	34,4	35,2	36,2	36,8	37,6	38,3	39,3	40	40,5	40,5
comprimento do ombro	12,4	12,5	12,6	12,7	12,8	12,9	13	13,2	13,4	13,6	13,8
comprimento do braço	59	59	59	60	61	61	61	61	62	62	62
contorno do braço na altura do bíceps	24,5	25,8	27,9	29,2	31,7	31,7	32,7	33,5	35,1	36,1	36,7

Um vestido

Este molde é formado por sete peças que devem ser fixadas por alfinetes ao tecido do avesso reto com 140 cm de largura dobrado em dois, frente a frente. A peça 3 é formada pela parte externa e pelo vinco; todas as peças devem ser cortadas duas vezes. Ao cortá-las, sempre deixe um pouco a mais de tecido para as costuras e para as bainhas.

Peça 1. CORPETE FRENTE. Meio da frente no fio reto. O tecido para acabamento da borda é limitado por um traço com piques nas extremidades. Faça a pence.

Peça 2. CORPETE COSTAS. Meio das costas no fio reto, sem costura. Faça a pence. Junte à parte da frente por AA na lateral, deixando, no lado esquerdo, uma abertura sob as marcações para colocar o zíper. Feche o ombro por BB CC, reforçando a parte das costas entre os piques por B e C.

Peça 3. GOLA. Meio das costas viés pleno, sem costura, para a parte externa (superior) da gola, e meio das costas no fio reto, com costura, para a parte interna (inferior). Encaixe a gola no decote por DD nas costas. O vinco da gola deve ser feito na linha tracejada.

Peça 4. MANGA. Fio reto. Feche por EE FF, e embeba levemente a parte das costas no cotovelo entre os piques. Encaixe a manga costurada na cava por GG na parte da frente e por HH nas costas, embebendo levemente a cabeça da manga na curvatura do ombro.

Peça 5. ABA DO BOLSO. Fio reto; borda viés pleno. Dobre em dois seguindo a linha e coloque sobre o corpete frente, na linha pontilhada.

Peça 6. SAIA FRENTE. Meio da frente no fio reto, sem costura.

Peça 7. SAIA COSTAS. Meio das costas no fio reto, sem costura. Junte à saia frente por II JJ, deixando no lado esquerdo uma abertura acima das marcações para colocar o zíper. Forme as pregas macho da saia no sentido indicado pelas setas. Os traços com piques marcam a borda das pregas; os pontilhados, o lugar até onde elas vão. Encaixe a saia na base do corpete por KK nas costas e por LL MM na parte da frente.

Este molde foi feito para um manequim com as seguintes medidas: busto, 88 cm; cintura, 67 cm; quadril, 95 cm.

Como obter um tamanho maior ou menor?

Partindo do 40 (tamanho original do molde, atual 36-38) para obter um tamanho 42, aumente o molde da seguinte forma: corpete frente e costas, no ombro, ½ cm; na lateral, 1 cm; nas cavas, ½ cm; ajuste a linha do molde abaixo do braço; gola, na parte da frente, 1 cm; manga, de cada lado da costura, 1 cm; para a saia, afrouxe levemente as pregas para obter 4 cm a

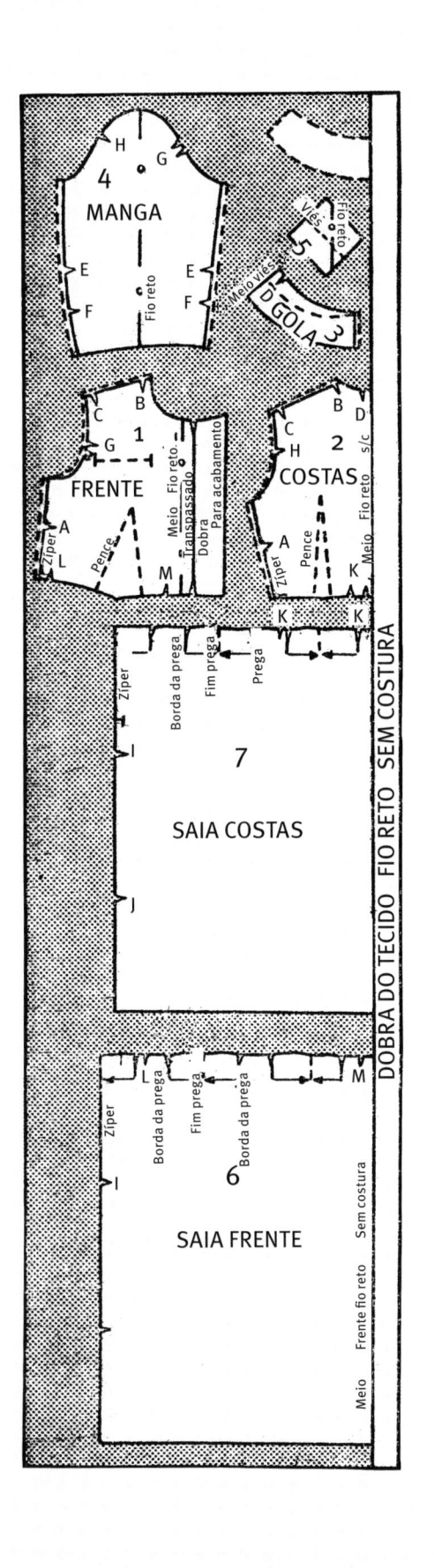

Um vestido

mais na cintura. As linhas pontilhadas desenhadas na parte externa das peças no plano de corte indicam os aumentos.

Para obter, por exemplo, um tamanho 38, diminua seu molde nos mesmos lugares, seguindo as proporções indicadas.

Um vestido tubinho

Molde de costura pronto para cortar, não incluído em tamanho real
Tamanho 48 (atual 44-46)
Molde vermelho, prancha 4

É um tubinho reto, bem simples. O decote, rente ao pescoço, termina nas costas com um decote estreito e profundo. Sem mangas e sem corte na cintura, este vestido é estruturado por longas pences. O zíper é colocado no centro das costas.

Metragem: 255 × 90 cm.

Este molde foi feito para um manequim com as seguintes medidas:
Busto: 104 cm
Cintura: 83 cm
Quadril: 111 cm

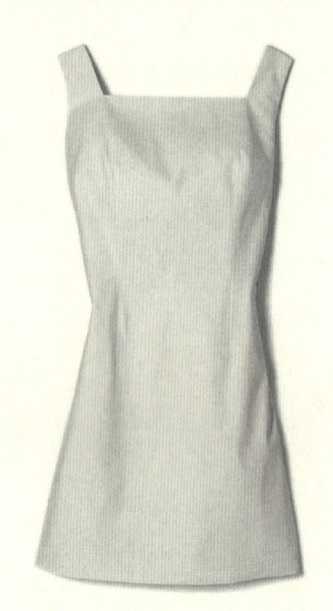

Correspondências com o quadro de medidas padrão de hoje (cm)

Tamanho	34	36	38	40	42	44	46	48	50	52	54
contorno do busto	80	84	88	92	96	100	104	110	116	122	128
contorno da cintura	62	66	70	74	78	80	86	92	98	104	110
contorno do quadril	86	90	94	98	102	106	110	116	122	128	134
contorno do pescoço	34	35	36	37	38	39	40	41	42	43	44
comprimento lateral da cintura ao chão	105	105	105	105	105	105	105	105	105	105	105
entre cavas costas	33	34,4	35,2	36,2	36,8	37,6	38,3	39,3	40	40,5	40,5
comprimento do ombro	12,4	12,5	12,6	12,7	12,8	12,9	13	13,2	13,4	13,6	13,8
comprimento do braço	59	59	59	60	61	61	61	61	62	62	62
contorno do braço na altura do bíceps	24,5	25,8	27,9	29,2	31,7	31,7	32,7	33,5	35,1	36,1	36,7

Um vestido tubinho

Este molde é formado por seis peças que devem ser fixadas por alfinetes ao tecido desdobrado com 90 cm de largura. Todas as peças devem ser cortadas duas vezes. Ao cortá-las, sempre deixe uma sobra de tecido para as costuras e para as bainhas.

Peça 1. FRENTE. Meio da frente no fio reto, sem costura. Faça as pences.

Peça 2. COSTAS. Meio das costas no fio reto, com costura sob a marcação que indica o começo do local do zíper. Faça a pence. A linha da cintura é indicada na parte da frente e nas costas por um tracejado.

Peça 3. REVEL DO DECOTE FRENTE. Meio da frente no fio reto, sem costura.

Peça 4. REVEL DO DECOTE COSTAS. Borda do meio das costas no fio reto. Junte ao revel da parte da frente por FF no ombro. Coloque o revel sob a borda do decote, correspondendo as marcações da frente e das costas.

Peça 5. REVEL DA CAVA FRENTE. Fio reto.

Peça 6. REVEL DA CAVA COSTAS. Fio reto (linha indicada). Junte ao forro da frente por GG no ombro e por HH abaixo do braço. Coloque o revel sob a borda da cava, coincidindo as marcações da frente e das costas.

Este molde foi feito para um manequim com as seguintes medidas: busto, 104 cm; cintura, 83 cm; quadril, 111 cm.

Como obter um tamanho maior ou menor?

Partindo do 48 (tamanho original, atual 44-46) para obter um 50, aumente o molde da seguinte forma: frente e costas, e revel decote frente e costas, no ombro, ½ cm; frente e costas, revel cava frente e costas, abaixo do braço, 1 cm; frente e costas, na cava, ½ cm; ajuste a linha do molde abaixo do braço. As linhas pontilhadas desenhadas na parte externa das peças no plano de corte indicam as modificações feitas.
Para obter um tamanho 46, diminua o molde nos mesmos lugares, seguindo as proporções indicadas anteriormente.

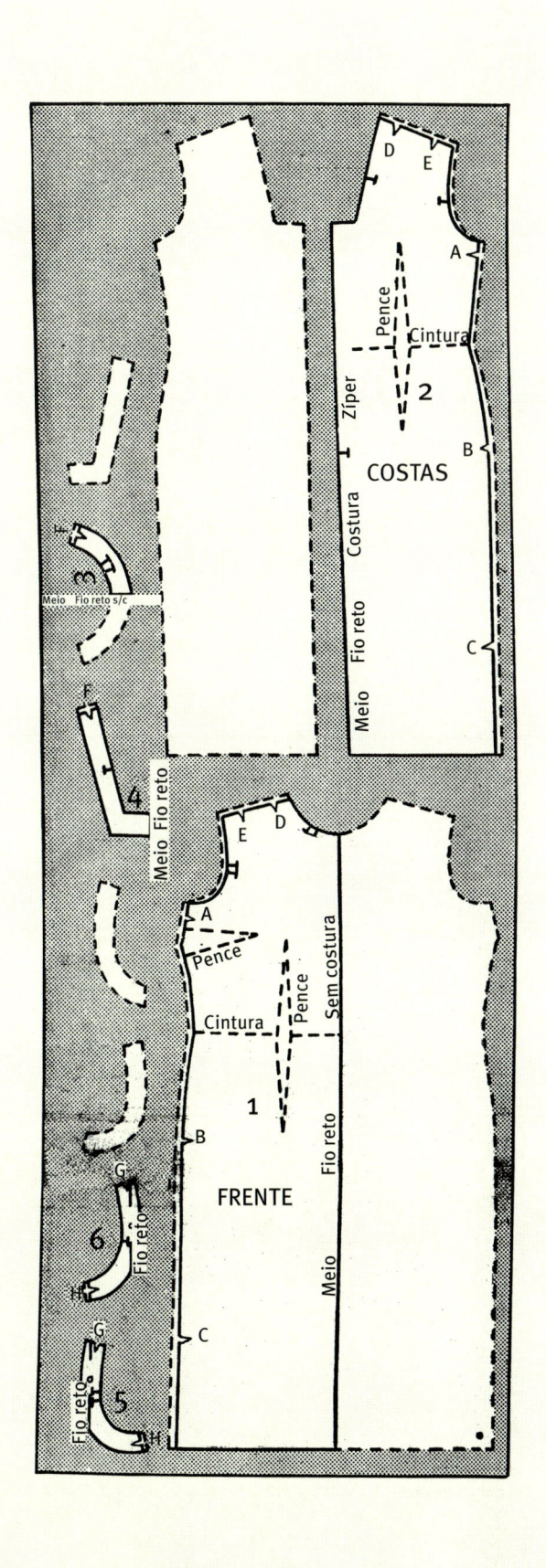

Uma camisa com gravata

Molde de costura pronto para cortar, não incluído em tamanho real
Tamanho 44 (atual 40-42)
Molde violeta, prancha 3

Ela é reta com mangas ¾ e fecha na lateral por botões de pressão. O decote, mais afastado do pescoço, tem borda em viés que termina em uma gravata que pode ser usada com um nó ou fechada por um broche.

Metragem: 210 × 90 cm de largura.

Este molde foi feito para um manequim com as seguintes medidas:
Busto: 96 cm
Cintura: 75 cm
Quadril: 103 cm

Correspondências com o quadro de medidas padrão de hoje (cm)

Tamanho	34	36	38	40	42	44	46	48	50	52	54
contorno do busto	80	84	88	92	96	100	104	110	116	122	128
contorno da cintura	62	66	70	74	78	80	86	92	98	104	110
contorno do quadril	86	90	94	98	102	106	110	116	122	128	134
contorno do pescoço	34	35	36	37	38	39	40	41	42	43	44
comprimento lateral da cintura ao chão	105	105	105	105	105	105	105	105	105	105	105
entre cavas costas	33	34,4	35,2	36,2	36,8	37,6	38,3	39,3	40	40,5	40,5
comprimento do ombro	12,4	12,5	12,6	12,7	12,8	12,9	13	13,2	13,4	13,6	13,8
comprimento do braço	59	59	59	60	61	61	61	61	62	62	62
contorno do braço na altura do bíceps	24,5	25,8	27,9	29,2	31,7	31,7	32,7	33,5	35,1	36,1	36,7

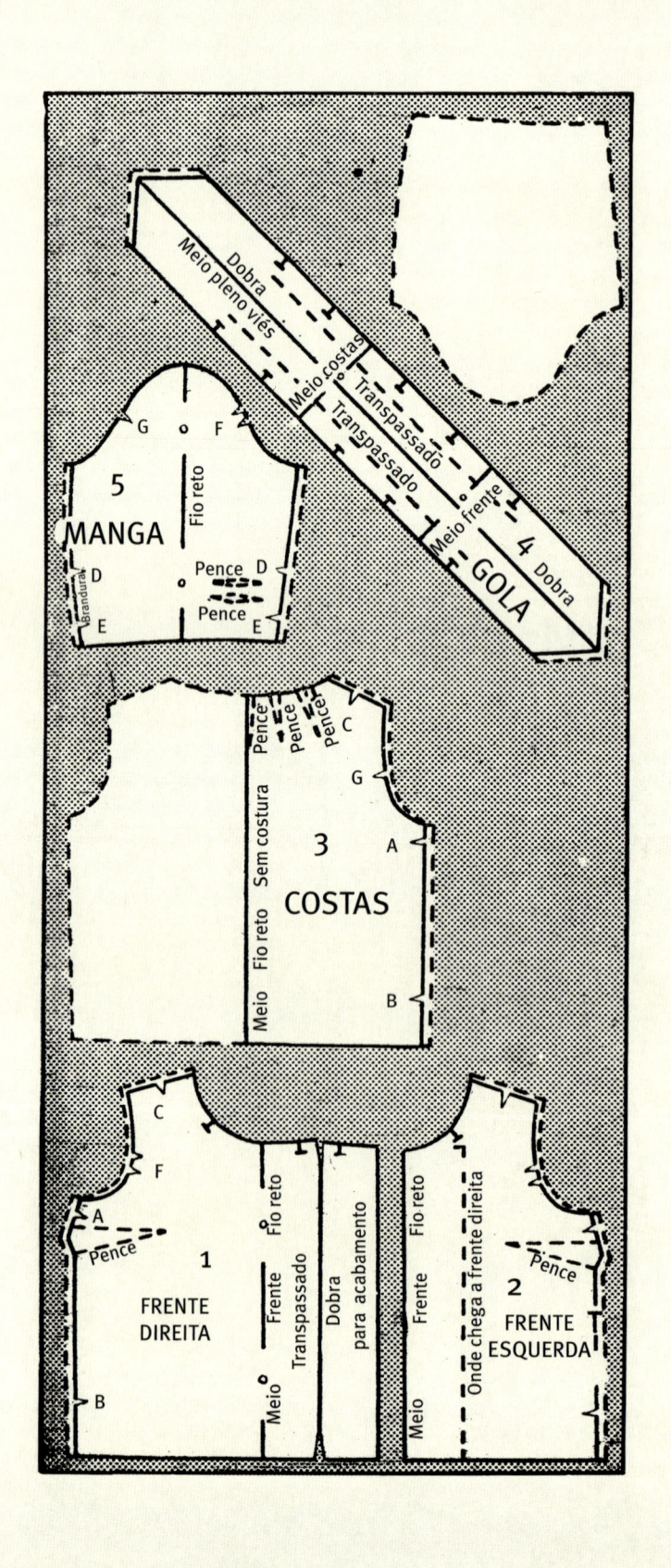

Uma camisa com gravata

Este molde é formado por cinco peças que devem ser fixadas por alfinetes ao tecido desdobrado com 90 cm de largura. A peça 5 deve ser cortada duas vezes; todas as outras, apenas uma vez. Ao cortá-las, sempre deixe uma sobra de tecido para as costuras e para as bainhas.

Peça 1. FRENTE DIREITA. Meio da frente no fio reto. O tecido para acabamento da borda (incluído no molde) é limitado por um traço com piques nas extremidades. Faça a pence.

Peça 2. FRENTE ESQUERDA. Borda da frente no fio reto. Faça a pence. A borda da frente direita deve chegar até a frente esquerda conforme indicado no molde pela linha tracejada.

Peça 3. COSTAS. Meio das costas no fio reto, sem costura. Faça as pences do decote. Junte à frente por AA BB, na lateral. Feche o ombro por CC.

Peça 4. GOLA GRAVATA. Borda em viés pleno. Dobre em dois seguindo o traço do meio. O meio das costas e o meio da frente direita são indicados no molde. Encaixe a gola no decote, correspondendo as marcações da frente e das costas. Encaixe somente a partir das marcações que estão em cada lado do meio da frente. O vinco da gola deve ser feito na linha pontilhada; o nó deve ser feito no lado esquerdo.

Peça 5. MANGA. Fio reto. Faça as pences horizontais internas na parte da frente da manga, correspondendo à dobra interna do cotovelo. Feche a manga por DD EE, embebendo levemente a parte do cotovelo entre os piques. Encaixe a manga costurada na cava por FF na parte da frente e por GG nas costas, embebendo levemente a cabeça da manga na curvatura do ombro.

Este molde foi feito para um manequim com as seguintes medidas: busto, 96 cm; cintura, 75 cm; quadril, 103 cm; comprimento desde o ombro, 58 cm.

Como obter um tamanho maior ou menor?

Partindo do 44 (tamanho original do molde, atual 40-42) para obter um 46, aumente o molde da seguinte forma: frente direita e esquerda, e costas, no ombro, ½ cm; na lateral, 1 cm; nas cavas, ½ cm; ajuste a linha do molde abaixo do braço; gola em cada extremidade, 1 cm; manga de cada lado da costura, 1 cm.
Para obter um tamanho 42, diminuia o molde nos mesmos lugares, seguindo as proporções indicadas anteriormente.

Ano 1962

Um conjunto debruado

Molde de costura pronto para usar, não incluído em tamanho real
Tamanho 40 (atual 36-38)
Molde verde, prancha 1

O casaco é reto, sem gola, fechado na frente por quatro botões. Um debrum combinando com os botões faz o contorno do decote, da abertura da frente e da base do casaco. A saia alarga-se abaixo do quadril por duas pregas macho costuradas, na frente e nas costas.

Metragem: 465 × 90 cm;
debrum: 280 × 3 cm.

Este molde foi feito para um manequim com as seguintes medidas:
Busto: 88 cm
Cintura: 67 cm
Quadril: 95 cm

Correspondências com o quadro de medidas padrão de hoje (cm)

Tamanho	34	36	38	40	42	44	46	48	50	52	54
contorno do busto	80	84	88	92	96	100	104	110	116	122	128
contorno da cintura	62	66	70	74	78	80	86	92	98	104	110
contorno do quadril	86	90	94	98	102	106	110	116	122	128	134
contorno do pescoço	34	35	36	37	38	39	40	41	42	43	44
comprimento lateral da cintura ao chão	105	105	105	105	105	105	105	105	105	105	105
entre cavas costas	33	34,4	35,2	36,2	36,8	37,6	38,3	39,3	40	40,5	40,5
comprimento do ombro	12,4	12,5	12,6	12,7	12,8	12,9	13	13,2	13,4	13,6	13,8
comprimento do braço	59	59	59	60	61	61	61	61	62	62	62
contorno do braço na altura do bíceps	24,5	25,8	27,9	29,2	31,7	31,7	32,7	33,5	35,1	36,1	36,7

Um conjunto debruado

Este molde é formado por onze peças que devem ser fixadas com alfinetes, rentes e esticadas, ao tecido desdobrado com 90 cm de largura. A peça 6 deve, ser cortada três vezes; a peça 11, uma vez; já as outras peças devem ser cortadas duas vezes. Ao cortá-las, sempre deixe um pouco de tecido a mais para as costuras e para as bainhas.

CASACO

Peça 1. FRENTE. Meio da frente no fio reto. O revel é limitado por um traço com piques nas extremidades. Faça a pence.

Peça 2. COSTAS. Meio das costas no fio reto, sem costura. Junte à parte da frente por AA. Feche o ombro por BB CC, embebendo um pouco a parte das costas entre os piques B e C.

Peça 3. REVEL DO DECOTE COSTAS. Meio das costas no fio reto, sem costura. Junte ao revel no alto por DD. Coloque o revel sob a borda do decote costas, correspondendo as marcações. Coloque o debrum na borda do decote, na borda da frente e na barra do casaco, seguindo a linha.

Peça 4. MANGA. Fio reto. Feche por EE FF, embebendo levemente a parte das costas no cotovelo entre os piques. Encaixe a manga costurada na cava por GG na parte da frente e por HH nas costas, reforçando levemente a cabeça da manga na curvatura do ombro.

Peça 5. ABA DO BOLSO. Borda no fio reto. Dobre em dois, seguindo a linha, e encaixe na borda superior da fenda do bolso, indicada por um traço na frente do casaco.

Peça 6. FUNDO DO BOLSO. Borda no fio reto. Coloque na fenda do bolso.

SAIA

Peça 7. FRENTE. Meio da frente no fio reto, sem costura.

Peça 8. LATERAL FRENTE. Borda no fio reto na costura da frente. Faça a pence. Junte à parte da frente por II. Forme a prega macho no sentido indicado pelas setas. Os traços contínuos com piques nas extremidades mostram as bordas da prega, que chegam até a linha indicada. Costure a prega desde a cintura até as marcações.

Peça 9. COSTAS. Meio das costas no fio reto, sem costura.

Peça 10. LATERAL COSTAS. Borda no fio reto na costura das costas. Faça a pence. Junte nas costas por JJ. Forme a prega macho no sentido indicado pelas setas. Os traços com piques nas extremidades mostram as bordas da prega, que chegam até a linha indicada. Costure a prega da cintura até as marcações. Junte a lateral das costas à lateral da frente por KK LL, deixando

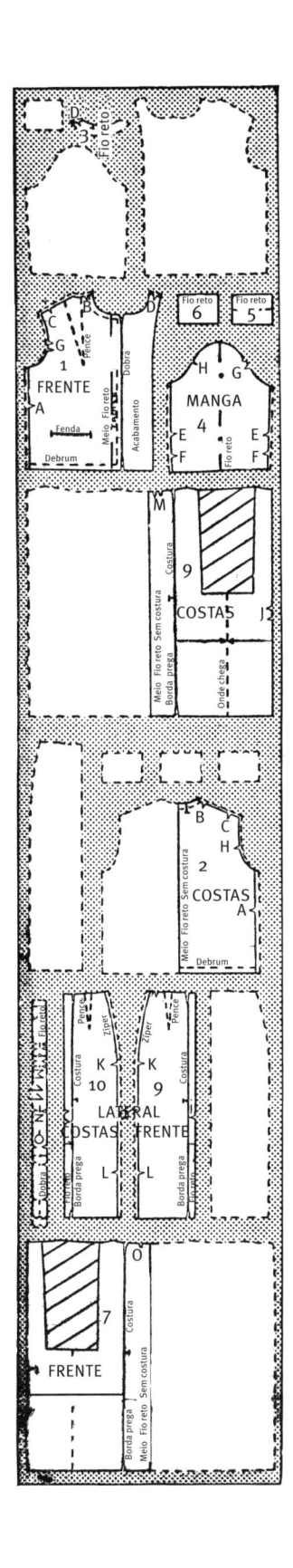

Um conjunto debruado

do lado esquerdo uma abertura acima das marcações para colocar o zíper. Depois da prova, tire a profundidade das pregas da frente e das costas na parte indicada por listras oblíquas no molde.

Peça 11. CÓS. Borda no fio reto; o meio da frente e o meio das costas estão indicados no molde. Ele deve ser dobrado em dois, seguindo a linha, e ser preso na saia por MM nas costas e por NN OO na parte da frente. Ele é preso do lado esquerdo, no ponto em que a frente chega às costas.

Este molde foi feito para um manequim com as seguintes medidas: busto, 88 cm; cintura, 67 cm; quadril, 95 cm; comprimento da saia desde a cintura, 75 cm; comprimento do casaco desde o ombro, 58 cm.

Como obter um tamanho maior ou menor?

Partindo do 40 (tamanho original do molde, atual 36-38) para obter um tamanho 42, aumente o molde da seguinte forma:

CASACO: frente, costas, revel frente e revel decote costas, no ombro, ½ cm; frente e costas, na lateral, 1 cm; nas cavas, ½ cm; ajuste a linha do molde abaixo do braço; manga, de cada lado da costura, 1 cm.
SAIA: lateral frente e lateral costas, dos lados, 1 cm; cós, em cada extremidade, 2 cm.
As linhas pontilhadas desenhadas na parte externa das peças no plano de corte indicam os aumentos.
Para obter um tamanho 38, diminua o molde nos mesmos lugares, seguindo as proporções indicadas anteriormente.

Um vestido e um casaco

Molde de costura pronto para cortar, não incluído em tamanho real
Tamanho 44 (atual 40-42)
Molde vermelho, prancha 1

Trata-se de um conjunto composto por um vestido reto com decote quadrado e um casaco sem mangas fechado na frente por uma fita larga com nó de chapeleiro. A parte das costas é "blusada" e sustentada presa pelo forro.

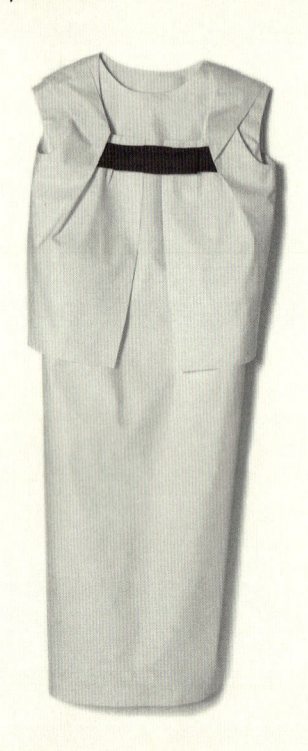

Metragem: 390 × 90 cm;
forro casaco: 110 × 90 cm.

Este molde foi feito para um manequim com as seguintes medidas:
Busto: 96 cm
Cintura: 75 cm
Quadril: 103 cm

Correspondências com o quadro de medidas padrão de hoje (cm)

Tamanho	34	36	38	40	42	44	46	48	50	52	54
contorno do busto	80	84	88	92	96	100	104	110	116	122	128
contorno da cintura	62	66	70	74	78	80	86	92	98	104	110
contorno do quadril	86	90	94	98	102	106	110	116	122	128	134
contorno do pescoço	34	35	36	37	38	39	40	41	42	43	44
comprimento lateral da cintura ao chão	105	105	105	105	105	105	105	105	105	105	105
entre cavas costas	33	34,4	35,2	36,2	36,8	37,6	38,3	39,3	40	40,5	40,5
comprimento do ombro	12,4	12,5	12,6	12,7	12,8	12,9	13	13,2	13,4	13,6	13,8
comprimento do braço	59	59	59	60	61	61	61	61	62	62	62
contorno do braço na altura do bíceps	24,5	25,8	27,9	29,2	31,7	31,7	32,7	33,5	35,1	36,1	36,7

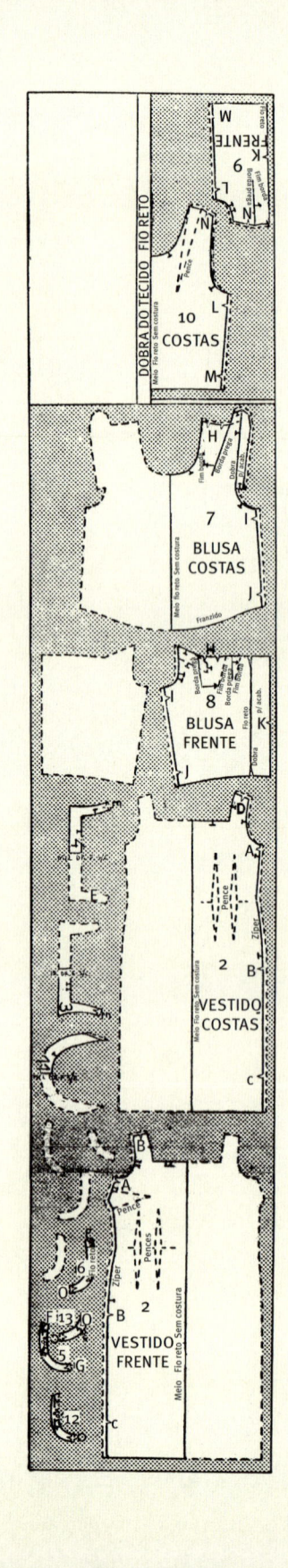

Um vestido e um casaco

Este molde é formado por treze peças. As peças 9 e 10 devem ser dispostas sobre o tecido do forro dobrado em dois com 90 cm de largura, ourela sobre ourela. As outras peças devem ser fixadas por alfinetes ao tecido desdobrado com 90 cm de largura. Cortar todas as peças duas vezes. Ao cortá-las, sempre deixe uma sobra de tecido para as costuras e para as bainhas.

VESTIDO

Peça 1. FRENTE. Meio da frente no fio reto, sem costura. Faça as pences.

Peça 2. COSTAS. Meio das costas no fio reto, sem costura. Faça as pences. Junte à frente por AA BB CC, deixando do lado esquerdo uma abertura entre as marcações para colocar o zíper. Feche o ombro por DD. A cintura é indicada na parte da frente e nas costas por uma linha pontilhada.

Peça 3. REVEL DO DECOTE FRENTE. Meio da frente no fio reto, sem costura.

Peça 4. REVEL DO DECOTE COSTAS. Meio das costas no fio reto, sem costura. Junte ao revel da frente por EE no ombro. Coloque o revel sob a borda do decote, correspondendo as marcações da frente e das costas.

Peça 5. REVEL DA CAVA FRENTE. Fio reto.

Peça 6. REVEL DA CAVA COSTAS. Fio reto, junte ao revel da frente por FF no ombro e por GG abaixo do braço. Coloque o revel sob a borda da cava, correspondendo as marcações da frente e das costas.

CASACO

Peça 7. COSTAS. Meio das costas no fio reto, sem costura. Faça pequenos piques no arremate da cava até a dobra. Dobre para dentro o arremate acima do pique de junção. Feche a extremidade até a quina da profundidade da prega do ombro das costas. Franza a base das costas.

Peça 8. FRENTE. Borda da frente no fio reto. O arremate, também incluído no molde, é limitado por um traço com piques nas pontas. Aplique a extremidade das costas, previamente acabada, no topo da frente, no lugar que lhe está reservado, correspondendo as marcações. A seguir, forme a prega do topo no sentido indicado pelas flechas. O traço contínuo indica a borda da prega; o pontilhado, o lugar até onde ela vai. Forme a prega das costas no sentido indicado pela flecha, depois junte o fundo da prega das costas àquela da parte da frente por HH. Una a costura do lado por II JJ.

Um vestido e um casaco

Peça 9. FORRO DA FRENTE. Borda da frente no fio reto. Junte ao arremate da frente por KK. Forme a prega no sentido indicado pela seta. O traço contínuo indica a borda da prega; os pontilhados, o lugar até onde ela vai.

Peça 10. FORRO DAS COSTAS. Meio das costas no fio reto, sem costura. Faça a pence. Junte ao forro da parte da frente por LL MM na lateral. Feche o ombro por NN. Coloque o forro sob o casaco costurando-o na barra. Corresponda as marcações da cava e do decote.

Peça 11. REVEL DO DECOTE. Meio das costas no fio reto, sem costura. Coloque sob a borda do decote, correspondendo as marcações.

Peça 12. REVEL DA CAVA FRENTE. Fio reto.

Peça 13. REVEL DA CAVA COSTAS. Fio reto. Junte àquele da parte da frente por OO abaixo do braço. Coloque o revel sob a borda da cava, correspondendo as marcações da frente e das costas.

Este molde foi feito para um manequim com as seguintes medidas: busto, 96 cm; cintura, 75 cm; quadril, 103 cm; comprimento do vestido, medido desde o ombro, 120 cm; comprimento do casaco, medido desde o ombro, 55 cm.

Como obter um tamanho maior ou menor?

Partindo do 44 (tamanho original do molde, atual 40-42) para obter um tamanho 46, aumente o molde da seguinte forma:

VESTIDO: frente, costas, revel decote frente e costas, no ombro, ½ cm; frente e costas, e revel cava frente e costas, na lateral, 1 cm; frente e costas, na cava, ½ cm; ajuste a linha do molde abaixo do braço.

CASACO: costas, na ponta e na profundidade da prega do ombro, 1 cm; acrescente ½ cm no arremate das costas e recue a dobra nas mesmas medidas. Forro frente e costas, no ombro, ½ cm; na lateral, 1 cm; na cava, ½ cm; ajuste a linha do molde abaixo do braço. Frente e costas, na cava, ½ cm; ajuste a linha do molde abaixo do braço; revel cava frente e costas (abaixo do braço), 1 cm; revel decote, na extremidade enviesada, 1 cm.
Para obter um tamanho 42, diminua o molde nos mesmos lugares, seguindo as proporções indicadas anteriormente.

Um tailleur

Molde de costura pronto para cortar, não incluído em tamanho real
Tamanho 40 (atual 36-38)
Molde azul, prancha 1

O casaco é estruturado na parte da frente por longas pences. A gola alfaiate é bem estreita e as bordas do casaco são arredondadas na barra. A saia é ajustada na cintura na parte da frente e nas costas por pences e por pregas/pences profundas. Ela é montada em um cinto que, por sua vez, é preso por suspensórios.

Metragem: 265 × 140 cm;
forro fundo do bolso: 15 × 40 cm.

Este molde foi feito para um manequim com as seguintes medidas:
Busto: 88 cm
Cintura: 67 cm
Quadril: 95 cm

Correspondências com o quadro de medidas padrão de hoje (cm)

Tamanho	34	36	38	40	42	44	46	48	50	52	54
contorno do busto	80	84	88	92	96	100	104	110	116	122	128
contorno da cintura	62	66	70	74	78	80	86	92	98	104	110
contorno do quadril	86	90	94	98	102	106	110	116	122	128	134
contorno do pescoço	34	35	36	37	38	39	40	41	42	43	44
comprimento lateral da cintura ao chão	105	105	105	105	105	105	105	105	105	105	105
entre cavas costas	33	34,4	35,2	36,2	36,8	37,6	38,3	39,3	40	40,5	40,5
comprimento do ombro	12,4	12,5	12,6	12,7	12,8	12,9	13	13,2	13,4	13,6	13,8
comprimento do braço	59	59	59	60	61	61	61	61	62	62	62
contorno do braço na altura do bíceps	24,5	25,8	27,9	29,2	31,7	31,7	32,7	33,5	35,1	36,1	36,7

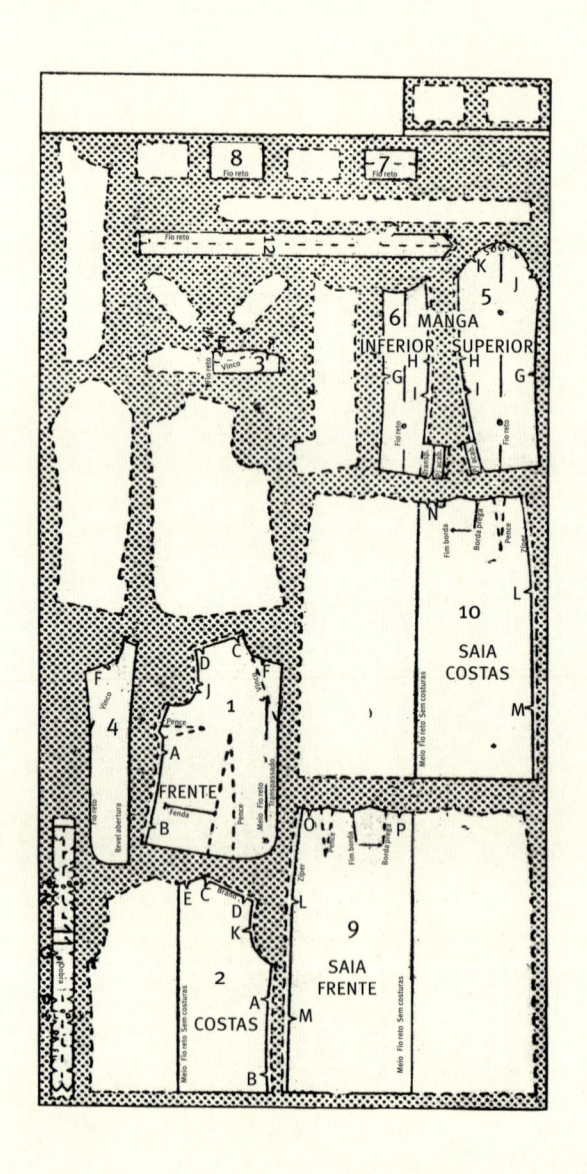

Um tailleur

Este molde é formado por doze peças que devem ser fixadas por alfinetes ao tecido desdobrado com 140 cm de largura. A peça 11 deve ser cortada uma vez; a peça 3, três vezes; já as
outras peças devem ser cortadas duas vezes; ainda, a peça 8 é para ser repetida duas vezes
no tecido do forro. Ao cortá-las, sempre deixe um pouco a mais de tecido para as costuras e
para as bainhas.

Peça 1. FRENTE. Meio da frente no fio reto. Faça as pences.

Peça 2. COSTAS. Meio das costas no fio reto, sem costura. Junte à parte da frente por AA BB
na lateral. Feche o ombro por CC DD embebendo levemente a parte das costas entre os piques
C e D.

Peça 3. GOLA. Meio das costas no fio reto sem costura para a parte externa (superior) da gola,
e viés pleno com costura no meio das costas para a parte interna (inferior) da gola. Una a
parte interna da gola costurada com o decote por EE nas costas e por FF na frente.

Peça 4. REVEL DA ABERTURA CENTRO FRENTE. Borda da frente no fio reto sob o avesso. Junte
à parte externa da gola por FF. Coloque a parte externa da gola sobre a parte interna, e o revel
do centro frente sob a borda da frente. Os vincos da gola e da vista devem ser feitos na linha
indicada.

Peça 5. PARTE SUPERIOR DA MANGA. Fio reto da peça.

Peça 6. PARTE INFERIOR DA MANGA. Junte à parte superior da manga por GG na direção da
parte interna da linha do cotovelo e HH II no cotovelo, embebendo a parte superior da manga
na costura entre os piques H e I, deixando livre a barra da manga a partir dos dentes da fenda
(quina que define o acabamento da fenda). Dobre para dentro o arremate da parte superior
da manga e aquele do transpasse da parte inferior da manga seguindo os traços com piques
nas extremidades. A borda da parte superior da manga chega até o transpasse da parte
inferior da manga. Encaixe a manga costurada na cava por JJ na parte da frente e por KK nas
costas, embebendo levemente a cabeça da manga na curvatura do ombro.

Peça 7. VISTA DO BOLSO. Borda no fio reto. Dobre em dois. Coloque na parte inferior da fenda
do bolso da frente, indicada por um traço.

Peça 8. FUNDO DO BOLSO. Borda no fio reto. Coloque de um lado e de outro da fenda do bolso. Este fundo, no mesmo tecido do casaco, deve ser colocado na borda superior.

SAIA

Peça 9. FRENTE. Meio da frente no fio reto, sem costura. Faça a prega e a pence no sentido
indicado pela seta. O traço com pique indica a borda da prega.

Peça 10. COSTAS. Meio das costas no fio reto, sem costura. Faça a prega e a prega-pence no sentido indicado pela seta. O traço com pique marca a borda da prega, que chega até o pontilhado. Junte a saia frente à saia costas por LL MM, deixando do lado esquerdo uma abertura acima das marcações para colocar o zíper.

Peça 11. CÓS DA SAIA. Borda no fio reto. Dobre o meio da frente e o meio das costas em dois seguindo a linha pontilhada, e encaixe com a saia por NN nas costas e por OO PP na frente. O cós é preso prende no lado esquerdo acima do zíper; a extremidade pontiaguda da frente chega até as costas.

Peça 12. SUSPENSÓRIO. Borda no fio reto. Dobre em dois. Fixe a extremidade cortada reta sob o cós frente no local indicado pelos pontilhados. A borda do cós vai até a linha tracejada do suspensório. A extremidade cortada em viés é fixada sob o cós costas. Os suspensórios se cruzam no meio das costas.

Este molde foi feito para um manequim com as seguintes medidas: busto, 88 cm; cintura, 67 cm; quadril, 95 cm; comprimento do casaco desde o ombro, 59 cm; comprimento da saia desde a cintura, 75 cm.

Como obter um tamanho maior ou menor?

Partindo do 40 (tamanho original do molde, atual 36-38) para obter o tamanho 42, aumente o molde da seguinte forma:

CASACO: frente, costas e revel do centro frente, no ombro, ½ cm; frente e costas, na lateral, 1 cm; nas cavas, ½ cm; ajuste a linha do molde abaixo do braço; gola, frente, 1 cm; parte superior e parte inferior da manga, no cotovelo, 1 cm.

SAIA: frente e costas, na lateral, 1 cm; cós, em cada extremidade, 2 cm; suspensório, em cada extremidade, ½ cm. As linhas pontilhadas, desenhadas na parte externa das peças, indicam os aumentos.
Para obter o tamanho 38, diminua seu molde nos mesmos lugares, seguindo as proporções indicadas anteriormente.

Um vestido bicolor

Molde de costura pronto para cortar, não incluído em tamanho real
Tamanho 38 (atual 34-36)
Molde verde, prancha 4

A parte de cima deste vestido é cortada em viés em um tecido quadriculado; já a saia é lisa. O corpete, acinturado por longas pences, desce sob a cintura; a saia é evasê com costura enviesada.

Metragem: corpete, 115 × 90 cm; saia lisa: 155 × 90 cm.

Este molde foi feito para um manequim com as seguintes medidas:
Busto: 84 cm
Cintura: 63 cm
Quadril: 91 cm

Correspondências com o quadro de medidas padrão de hoje (cm)

Tamanho	34	36	38	40	42	44	46	48	50	52	54
contorno do busto	80	84	88	92	96	100	104	110	116	122	128
contorno da cintura	62	66	70	74	78	80	86	92	98	104	110
contorno do quadril	86	90	94	98	102	106	110	116	122	128	134
contorno do pescoço	34	35	36	37	38	39	40	41	42	43	44
comprimento lateral da cintura ao chão	105	105	105	105	105	105	105	105	105	105	105
entre cavas costas	33	34,4	35,2	36,2	36,8	37,6	38,3	39,3	40	40,5	40,5
comprimento do ombro	12,4	12,5	12,6	12,7	12,8	12,9	13	13,2	13,4	13,6	13,8
comprimento do braço	59	59	59	60	61	61	61	61	62	62	62
contorno do braço na altura do bíceps	24,5	25,8	27,9	29,2	31,7	31,7	32,7	33,5	35,1	36,1	36,7

Um vestido bicolor

Este molde é formado por nove peças. As peças 8 e 9 devem ser fixadas por alfinetes ao tecido liso desdobrado em dois com 90 cm de largura, frente a frente. As outras peças devem ser dispostas sobre o tecido quadriculado desdobrado, também com 90 cm de largura. Todas as peças devem ser cortadas duas vezes. Ao cortá-las, sempre deixe um pouco a mais de tecido para as costuras e para as bainhas.

Peça 1. CORPETE FRENTE. Viés pleno no centro, sem costura. Faça as pences.

Peça 2. CORPETE COSTAS. Viés pleno no centro, sem costura, sob a marcação que indica o zíper invisível. Faça a pence. Junte as costas à parte da frente por AA na lateral, deixando do lado esquerdo uma abertura sob as marcações para colocar o zíper. Feche o ombro por BB CC, embebendo levemente a parte das costas entre os piques de junção B e C.

Peça 3. REVEL DO DECOTE FRENTE. Meio da frente em viés pleno, sem costura.

Peça 4. REVEL DO DECOTE COSTAS. Borda do meio das costas em viés pleno. Junte ao forro da parte da frente por DD no ombro. Coloque o forro sob a borda do decote, correspondendo as marcações da frente e das costas.

Peça 5. REVEL DA CAVA FRENTE. Fio reto.

Peça 6. REVEL DA CAVA COSTAS. Fio reto. Junte ao forro da frente por EE no ombro e por FF abaixo do braço. Coloque o revel sob a cava, correspondendo as marcações da frente e das costas.

Peça 7. FORRO DA ABA FRENTE. Borda no fio reto. Coloque sob a aba na barra da frente.

Peça 8. SAIA FRENTE. Meio da frente no fio reto, sem costura. Faça a pence.

Peça 9. SAIA COSTAS. Meio das costas no fio reto, sem costura. Faça a pence. Junte à saia frente por GG HH na lateral, deixando do lado esquerdo uma abertura acima das marcações para colocar o zíper. Encaixe a saia costurada na barra do corpete por II nas costas e JJ KK na frente.

Este molde foi feito para um manequim 38, com as seguintes medidas: busto, 84 cm; cintura, 63 cm; quadril, 91 cm; comprimento desde o ombro, 116 cm.

Como obter um tamanho maior ou menor?

Partindo do 38 (tamanho original do molde, atual 34-36) para obter um tamanho 40, aumente o molde da seguinte forma:

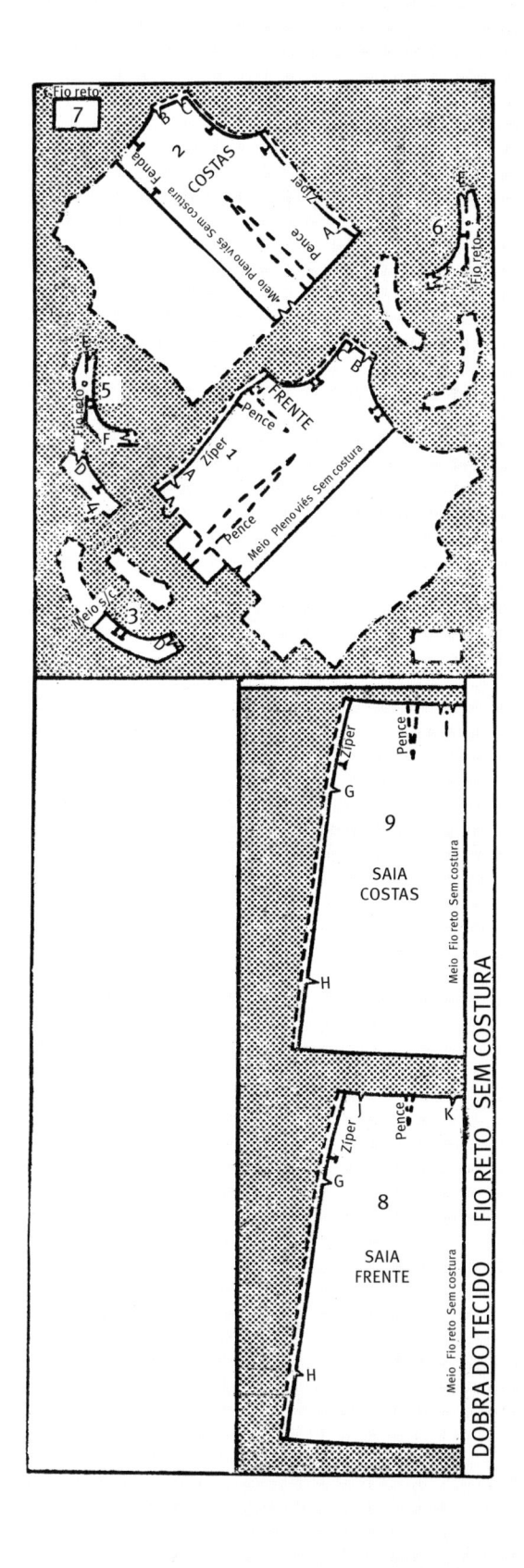

Um vestido bicolor

CORPETE: frente e costas, revel decote frente e costas, no ombro, ½ cm; corpete frente e costas, revel cava frente e costas, abaixo do braço, 1 cm; corpete frente e costas, na cava, ½ cm; ajuste a linha do molde abaixo do braço.

SAIA: frente e costas, na lateral, 1 cm. As linhas pontilhadas desenhadas na parte externa das peças, no plano de corte, indicam as modificações feitas.

Para obter um tamanho inferior, diminua seu molde nos mesmos lugares, seguindo as proporções indicadas anteriormente.

Um casaco

Molde de costura pronto para cortar, não incluído em tamanho real
Tamanho 44 (atual 40-42)
Molde laranja, prancha 2

Com corte reto, inteiramente forrado em
tecido escocês, é fechado por quatro botões
sob uma gola levemente afastada e dobrada.
As mangas são longas do tipo alfaiataria.
Pespontos decorativos.

Metragem: tecido de lã lisa: 240 × 140 cm;
tecido de lã escocesa: 240 × 140 cm.

Este molde foi feito para um manequim com
as seguintes medidas:
Busto: 96 cm
Cintura: 75 cm
Quadril: 103 cm

Correspondências com o quadro de medidas padrão de hoje (cm)

Tamanho	34	36	38	40	42	44	46	48	50	52	54
contorno do busto	80	84	88	92	96	100	104	110	116	122	128
contorno da cintura	62	66	70	74	78	80	86	92	98	104	110
contorno do quadril	86	90	94	98	102	106	110	116	122	128	134
contorno do pescoço	34	35	36	37	38	39	40	41	42	43	44
comprimento lateral da cintura ao chão	105	105	105	105	105	105	105	105	105	105	105
entre cavas costas	33	34,4	35,2	36,2	36,8	37,6	38,3	39,3	40	40,5	40,5
comprimento do ombro	12,4	12,5	12,6	12,7	12,8	12,9	13	13,2	13,4	13,6	13,8
comprimento do braço	59	59	59	60	61	61	61	61	62	62	62
contorno do braço na altura do bíceps	24,5	25,8	27,9	29,2	31,7	31,7	32,7	33,5	35,1	36,1	36,7

Um casaco

Este molde é formado por cinco peças que devem ser fixadas por alfinetes ao tecido com 140 cm de largura, dobrado em dois, ourela sobre ourela. Todas as peças devem ser cortadas duas vezes sobre o tecido liso e repetidas duas vezes sobre o tecido escocês para o forro. Ao cortá-las, sempre deixe uma sobra de tecido para as costuras e para as bainhas.

Peça 1. FRENTE. Meio da frente no fio reto. Faça a pence.

Peça 2. COSTAS. Meio das costas no fio reto, sem costura. Faça a pence do decote. Junte à parte da frente por AA BB. Feche o ombro por CC DD embebendo levemente a parte das costas entre os piques de junção C e D.

Peça 3. GOLA. Meio das costas no fio reto, sem costura para a parte externa da gola em tecido liso e para a parte interna da gola em tecido escocês. Encaixe no decote por EE nas costas. O vinco da gola deve ser feito na linha indicada. Faça o pesponto decorativo na borda da gola seguindo a linha.

Peça 4. PARTE SUPERIOR DA MANGA. Fio reto.

Peça 5. PARTE INFERIOR DA MANGA. Fio reto. Junte à parte superior da manga por FF, na direção da dobra interna do cotovelo e GG, e HH no cotovelo, embebendo levemente a parte superior da manga na costura entre os piques de junção G e H. Forre a manga. Faça o pespon-to decorativo na base, seguindo a linha tracejada. Encaixe a manga costurada na cava por II na parte da frente e por JJ nas costas, embebendo levemente a cabeça da manga na curvatura do ombro.

Este molde foi feito para um manequim com as seguintes medidas: busto, 96 cm; cintura, 75 cm; quadril, 103 cm.

Como obter um tamanho maior ou menor?

Partindo do 44 (tamanho original do molde, atual 40-42) para obter o tamanho 46, aumente o molde da seguinte forma: frente e costas, no ombro, ½ cm; na lateral, 1 cm; nas cavas, ½ cm; ajuste a linha do molde abaixo do braço; gola, na frente, 1 cm; partes superior e inferior da manga, no cotovelo, 1 cm; faça as mesmas modificações para o forro em tecido escocês. As linhas pontilhadas, desenhadas na parte externa das peças, indicam o molde aumentado.
Para o tamanho 42, diminua o molde nos mesmos lugares, seguindo as proporções indicadas anteriormente.

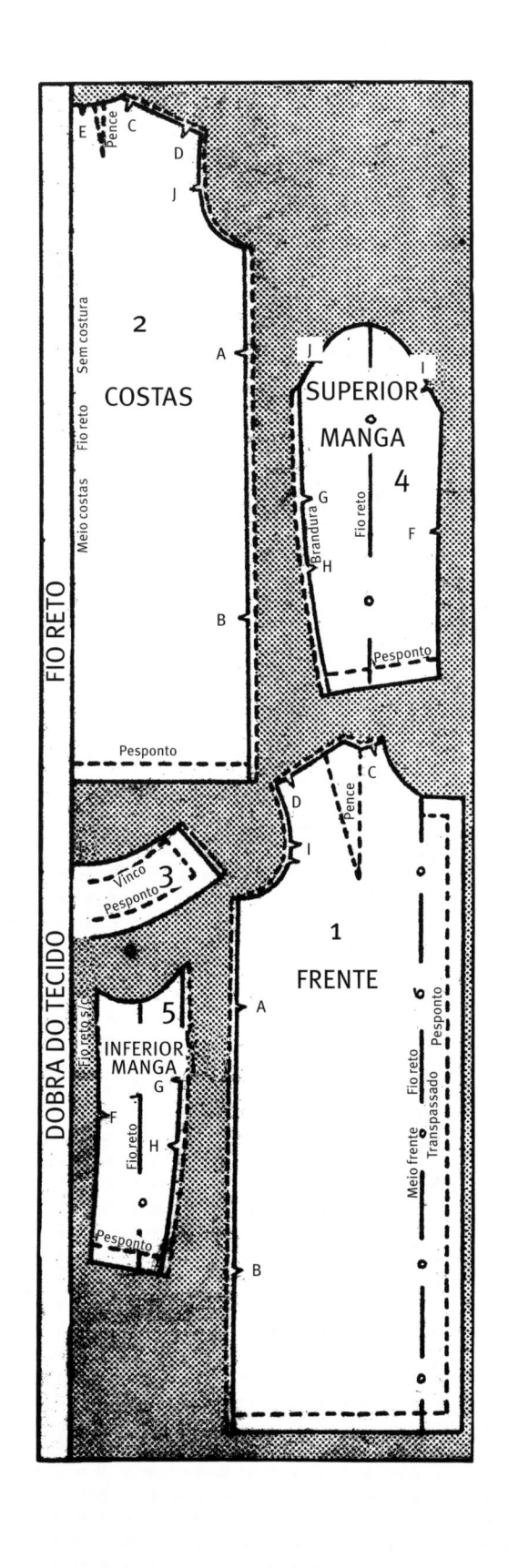

ADMINISTRAÇÃO REGIONAL DO SENAC NO ESTADO DE SÃO PAULO
Presidente do Conselho Regional: Abram Szajman
Diretor do Departamento Regional: Luiz Francisco de A. Salgado
Superintendente Universitário e de Desenvolvimento: Luiz Carlos Dourado

EDITORA SENAC SÃO PAULO
Conselho Editorial: Luiz Francisco de A. Salgado
 Luiz Carlos Dourado
 Darcio Sayad Maia
 Lucila Mara Sbrana Sciotti
 Jeane dos Reis Passos

Gerente/Publisher: Jeane dos Reis Passos (jpassos@sp.senac.br)
Coordenação Editorial: Márcia Cavalheiro Rodrigues de Almeida (mcavalhe@sp.senac.br)
Comercial: Marcelo Nogueira da Silva (marcelo.nsilva@sp.senac.br)
Administrativo: Luís Américo Tousi Botelho (luis.tbotelho@sp.senac.br)

Edição de Texto: Maísa Kawata
Preparação de Texto: Mariana Barrozo Garcia
Revisão de Texto: Heloisa Hernandez (coord.), Carolina Hidalgo Castelani e Patricia B. Almeida
Projeto Gráfico: Delphine Delastre
Editoração Eletrônica: Sandra Regina Santana

Título original: Couture Vintage – 20 créations des années 1960
© Flammarion, Paris, 2012
Todos os direitos reservados.

Dados Internacionais de Catalogação na Publicação (CIP)
(Jeane dos Reis Passos - CRB 8ª/6189)

Bocquet, Barbara
Moda vintage: 20 moldes dos anos 1960 / Barbara Bocquet;
fotografias de Sophie Boussahba; design de moda de Christine Tessier.
-- São Paulo : Editora Senac São Paulo, 2015.

Título original: Couture Vintage: 20 créations des années 1960
ISBN 978-85-396-0885-0

1. Moda 2. Moda vintage 3. Moda : Anos 1960 I. Título.

		CDD – 391.009
		BISAC DES005000
15-329s		CRA009000
		CRA020000

Índice para catálogo sistemático:
1. Moda : Anos 1960   391.009

Agradecimentos

Sophie Boussahba e Christine Tessier agradecem imensamente à Barbara Bocquet, que soube dar outra vez vida a estes trajes dos anos 1960.

Agradecemos à Alyce por seu trabalho de pesquisa sobre os tecidos e por sua reinterpretação do tema *moda vintage*.

Agradecemos também à loja MY DESIGN por nos ter permitido elaborar cada ambiente com sua bela coleção.

Todos os modelos foram adaptados segundo os modelos da *L'écho de la mode* dos anos 1960 a 1962.

Centre-Ressource Petit Echo de la Mode
Châtelaudren